Ferdinand Eberl

Die Hausnudel,

oder Die Frau Mahm von Wien bei ihrem Herrn Vetter in Eipeldau - Lustspiel in

vier Aufzügen

Ferdinand Eberl

Die Hausnudel,
oder Die Frau Mahm von Wien bei ihrem Herrn Vetter in Eipeldau - Lustspiel in vier Aufzügen

ISBN/EAN: 9783743463127

Hergestellt in Europa, USA, Kanada, Australien, Japan

Cover: Foto ©ninafisch / pixelio.de

Manufactured and distributed by brebook publishing software (www.brebook.com)

Ferdinand Eberl

Die Hausnudel,

die Frau Mahm von Wien
bey ihrem
Herrn Vetter in Eipeldau.

Lustspiel in vier Aufzügen
von
Ferdinand Eberl.

Wien,
im Verlage bey Christoph Peter Rehm.
1797.

Personen.

Der Fürst.
Graf von Blumenthal, Kämmerer.
Jagdgefolge.
Lorenz, ein Bauer.
Sandel, sein Weib.
Frau Blankin.
Ferdinand, ihr Sohn.
Röschen, sein Weib.
Romberg.
Friderike, sein Weib.
Mehrere Bauern und Bäuerinnen.
Ein alter Bettler.
Frau von Fischhaut.
Hemet, ein Türk.
von Askerle.
    (Salmbach,)
Frau (Wildheim,) Kaffehschwestern.
    (Storbach,)
Fritz von Wendelburg.
Schulmeister Krautstingel.
Links, ein Advocat.
Ein Commissär.
Vier Affen, Mohren, Jäger, Bediente, Bauern, Wächter.

Erster Aufzug.

(Scene: Eine angenehme Gegend mit einer Waldseite; auf der andern die Aussicht nach dem Dorfe Eipeldau.)

Erster Auftritt.

Chor von Jägern.

Das Jagdhorn schallt,
Die Peitsche knallt,
Es rauscht durch Berg und Felder.
Mit Gold bestrahlt,
Der Sonne mahlt
Sich Thal, und Flur und Wälder.

Die Flinte kracht,
Der Jäger lacht,
Den Sieg verkündet ein stolzes Wau, Wau.
Der Wald ertönt,
Das Wild das stöhnt
Von treuen Hunden Freuden, Wau, Wau.

Drum Brüder auf!
Jagt lustig drauf!

Nach Jäger Sitte durch Dick und Dünn."
Setzt an das Horn,
Und gebt den Sporn;
Laßt nach Vergnügen und Wild uns fliehn!
(Jägerchor ab.)

Zweyter Auftritt.

Der Fürst. Graf Blumenthal.

Fürst (in Jagdkleidern und Kaput darüber.) So einen Engel enthält diese Gegend, und Sie wußten das, Graf! und sagten mir kein Wort davon.

Graf. Verzeihen Euer Durchlaucht ein Verbrechen, für welches ich statt Rechtfertigung, nichts anders weiß, als das geloben — aufs schleunigste wieder gut zu machen! — Ich bin allerdings in den Augen meines gnädigsten Fürsten strafbar! Doch erlaube mir Derselbe, nur einige Entschuldigung....

Fürst. Aber nur so kurz als möglich.

Graf. Daß mir des Bauers Tochter als eine Schönheit galt, konnte mir noch lange nicht genug Verwegenheit geben, sie dem erhabenen Geschmacke Euer Durchl. empfehlungswürdig zu finden! Ich war vor einigen Tagen im Begriffe, Höchstdenenselben einige Meldung davon zu machen; aber durch wichtigere Geschäfte war ich immer daran gehindert. — Euer Durchlaucht großes Menschenherz mehr mit dem Wohl Dero glücklichen Unterthanen beschäftiget, erlaubt kaum von Zeit zu Zeit — Bemerkungen von vergnügenden Erholungsaugenblicken zu machen, und ohne der heutigen Jagd, würde ich es fast jetzt noch nicht gewaget haben.

Fürst. Lieber Graf! nicht so weitläufig! — Sie gelten ja an meinem Hof als geübter Weiberkenner — und auch sogar als ein glücklicher Finder und geschickter Ausspäher derselben, und obschon ich meine Pflicht, als Fürst, nicht vernachlässigen will, so wäre dieser Engel doch einer frühern Jagd werth gewesen. — Es gingen für mich doch viele Augenblicke verloren! — —

Graf (mit schlauer Bedeutenheit.) Wenn ich, ohne Dero hohen Einsicht vorzugreifen, einige Bemerkungen wagen darf, so hoff' ich meinem gnädigen Fürsten von der tiefen Kenntniß meines Amtes, das Er mir so eben zu übertragen die Gnade hatte, die überzeugendsten Beweise vor Augen legen zu können.

Fürst. Die ich hören will, — so klein auch heute meine Geduld ist.

Graf. Das Glück der Liebe hängt oft, wie das Glück des Krieges, von einem einzigen Augenblick ab; Zeit und Umstände machen alles — und der Kluge hat nur das Vorrecht, das zu nützen, was den bloß Glücklichen manches Mahl kaum der Bemerkung werth scheint. Nach diesen Grundsätzen, glaubte ich von dem festlichen Zeitpuncte, den ich dazu abgewartet habe, für Euer Durchl. sicherern Erfolg alles hoffen zu dürfen.

Fürst. Es ist also Plan, nicht Zufall, der

mich mit dem weiblichen Geschöpfe heute bekannt machte!

Graf (hofmännisch lächelnd.) Nach dem Amte, das mir Euer Durchl. zu begleiten erlauben — darf ich auch dieses Geständniß wagen. — Ja, gnädigster Herr! wenn meine Augen glücklich genug waren, — für Ihren Geschmack befriedigend gewählt zu haben, — so soll die frohe Stunde der Liebe, Sie eben so gewiß über die rauhen Sorgen Ihres schweren Standes entschädigen, als die Ehre Ihrer Herablassung, das Weib glücklich machen wird. —

Fürst. Das Weib, sagen Sie, — also verheirathet? —

Graf. O Euer Durchl. werden eine Sammlung komischer Entdeckungen hier zu machen Gelegenheit finden, auf deren einige vorzubereiten, ich mich verpflichtet fühle! — Das Geräusch des heutigen Tages, mit welchem dieser stolze Bauer heute sein Familienfest feyert, wird zu den Entwürfen der Liebe wie gewünscht seyn! — Ein Mann, dessen Stolz und Witz sich über die Stadtmoden eben so lustig, als bekannt macht, hat seine beyden Kinder vor einiger Zeit mit der Familie des verdächtigen Grafen von Wernhalls verheirathet.

Fürst. Des Wernhalls, der mich so schändlich betrogen haben soll, worüber sein Bruder mir selbst die Anzeige machte?

Graf. Der nähmliche! —

Fürst. Und dessen Sohn heirathete des Bauers

Tochter? Sonderbar! so sonderbar, daß ich schon darum das Geschöpf näher zu kennen wünsche.

Graf. Was nur auf Ihren kleinsten Winken ruht! —

Fürst. Nu, so geradezu kann ich doch nicht eintreten! —

Graf. Das strengste Incognito ist sogar nothwendig, weil die Ehrfurcht, die man Ihrer offenen Würde entgegen setzen würde, selbst den Schritten der Liebe hinderlich wäre.

Fürst. Wie also die Sache anzugreifen?

Graf. Von der ersten Poststazion aus, wird uns der Postmeister mit einem Schreiben an diesen Bauer, der sein Vetter ist, versehen; — als benachbarte Oberjäger werden wir aufgenommen, und das Übrige überlassen Euer Durchlaucht meinem Kopf und Diensteifer! —

Fürst. Recht gut ausgedacht! — Kommen Sie Graf! Diese Maskerade kann sogar mit unter ihr Gutes haben, und Sie sollen gewiß dafür nach Verdienst belohnet werden. — Kommen Sie!

(Beyde ab.)

Dritter Auftritt.

(Zimmer in Lorenzens Wohnung.)

Lorenz. Sandel.

Lorenz (in Feyertagskleidung, bäurisch, aber so, daß alles den reichen Mann verräth; Sandel eben so.) Sandel! ein Feyertags=Gesicht! — das bitt ich mir aus — leg deine Falten in Ordnung, — oder biegle dirs gar aus! — Kurz und gut, bey der Hausnudel muß alles lustig und allart seyn.

Sandel. Nu, ich bins ja ohnehin! — Aber du weißt ja, was bey so einer Sache alles zu thun gibt — die Kuchel, — den Keller, — die Musik. —

Lorenz. Weißt du nicht, daß du das alles vertheilen sollst; den zwey jungen Weibern läßt du die Kuchel, den beyden Männern den Keller, und dem Schulmeister die Musik besorgen; — du sollst mir dich nicht strapezieren; — schau, mußt mir heut noch ein Tänzel machen, und wenn dir kein andrer Mensch den Gefallen thut, so muß 's der Herr Verwalter seyn.

Sandel. Jetzt geh! ich bin froh, wenn ich Ruh habe!

Lorenz. Red mir heut nichts ein! heut muß alles nach meinen Willen gehen.

Sandel. Nu, nu! — aber ich mein' halt die Stadtleute.

Lorenz. Nu, was gibts mit den Stadtleuten? sinds bessere Menschen als wir?

Sandel. Das freylich nicht, aber sie bilden sichs halt ein. Schau, man hat mir halt schon gar viel von den Stadtleuten g'sagt, wies so alles nach der Mode thun und machen — und wies die gemeinen Leute schoppen und foppen.

Lorenz. Hi, hi, hi! Du, unter uns gesagt — manches Mahl geschiehts auch, daß die Stadt-

leute von uns Bauern abscheulich gefoppt wer=
den — ich sag dirs Sandel — ich hab ein Mahl
ein ganzes Träupperl von die Stadtdamen zu=
sammen gefoppt, daß auf den Eipeldauer heut noch
denken werden.

Sandel. Aber du, ich bitt dich, sag mir nur,
ists denn wahr, daß die Weibsbilder so viel Män=
ner haben — und daß einen jeden was anders
vorlügen?

Lorenz. Ja Weib, das ist die gründliche Wahr=
heit — und manche sind dir darin so practizirt,
daß nicht nur allein mit dem Maul, sondern oft
mit Leib und Seele sogar lügen können; — es
gibt einige auch, die lachen und weinen zugleich;
andere, die schon tausend Mahl aus lauter Liebe
gestorben sind; und wieder einige, die so tugend=
haft seyn, daß sie vor einer spanischen Wand roth
werden. — Aber Weib! es gibt wieder so viele
brave Frauenzimmer in der Stadt, daß du mirs
nicht einmahl übel nehmen darfst, wenn ich mir
wünsche bey denen etwas zu gelten.

Sandel. So? — Du, wart, ich laß dich bald
wieder in die Stadt.

Lorenz. Kinderey — die darfst nicht fürchten;
— das sind lauter Kinder, die nur Gutes und
nichts Übels thun. — Doch jetzt denke dich ein Biß=
sel um, damit kein Bock geschossen wird.

Sandel. Nu sorg' dich nicht — ich will alles
nach deinen Willen thun, — und die alte gute
Gräfinn wird mir schon auch ein Bissel drein hel=
fen —

Lorenz. Gräfinn — Sandel ich hab dirs schon so oft verbothen, daß du mir das Wort Graf und Gräfinn nicht auf die Zunge nehmen sollst — so lang der Prozeß nicht gewonnen ist, will ich von keinen Graf nichts hören — Bauern sind wir alle! — möchtest du nicht, daß die Leute im Dorfe über Sie lachten — oder solls der Titel glücklich machen — Sandel, Sandel! — wenn du die Stammmutter gewesen wärst, so wären wir arh alle angeschmiert worden — du hättest Naschen eben so wenig lassen können, als jetzt das Plaudern, bloß weil ich dirs verbothen habe!

Sandel. Nu nu, sey nur wieder gut, es ist mir nur so ausgerutscht —

Lorenz. Ja ja, das raus und h'nein rutschen ist bey euch schon Gewohnheit, und eben darum bitt ich dich recht schön, gib acht, die Leutel sollen mir nicht ein Mahl durch den gräfl. Nahmen an ihr gräfliches Elend erinnert werden, siehst nicht, daß sie beynahe ihren ganzen Kummer schon in diesen wenigen Wochen vergessen haben — sie tragen sich als Bauern, sie arbeiten als Bauern — sie essen als Bauern, und sind glücklich als Bauern, und wenn der Prozeß gewonnen ist, so sollens auch wieder gräflich leben, und hernach können sies drucken lassen, in welchem Stand sie besser geschlafen haben.

Sandel. O die guten Leute, wenn's doch nur den Prozeß schon gewonnen hätten! —

Lorenz. Warum, wegen den Grafentitel? — o du Narr, der macht nicht fett! — wirst sehen, es kommen heute ein Paar vornehme Herrn aus der Stadt, mit der Frau Mahm und die Euer Gnaden, und noch was ärgers sinds um und um, und die schaun aus, lieber Himmel, als obs alle sieben Tag eine Sardelle zu verzehren hätten — schau Sandel! Geld regiert die Welt — vor den reichen Bauer, bückt sich der arme Baron — aber vor den armen Baron zuckt die ganze vornehme Welt die Achseln, hab' ja das Ding alles selbst mit Augen gesehen.

Sandel. Aber wenn die Leute den Prozeß gewinnen?

Lorenz. So müssens auch wieder da stehen, als wenn ihnens Glück die Ungerechtigkeit abgebethen hätte — mein Hab' und Gut steht ihnen zu Diensten, aber nicht, weil meine Tochter eine Gräfinn wird, sondern weil ein rechtschaffener Cavalier, alle mögliche Hochachtung verdient — und das ist der junge Graf Wernhall schon darum sicher, weil er sich nicht schämt, ein ehrlicher Mann zu seyn —

Sandel. Ja das ist er — das ist die ganze Familie,

Vierter Auftritt.

Schulmeister. Vorige.

Schulmeister. Um und um meine lieben Freunde, wünsche wohl geschlafen zu haben! — Herr Lorenz — Frau Sandel hab' auch hinten und vorn die Liste von den Gästen mitgebracht — und wie alles um und um soll hergericht seyn, damit der Herr Lorenz, und die Frau Sandel — um und um keinen Bock schießt —

Lorenz. Guten Tag ehrlicher Hr. Martin — ist mir lieb, daß der Herr den Aufsatz nicht vergessen hat, les' mir der Herr denselben ein Bissel durch.

Schulmeister. Um und um Herr Lorenz — es ist alles nach der Ordnung — wie die Correspondenz eingelaufen ist — I^{mo}. im ersten Wagen kommen Freyherr Fritze v. Wendelburg, mit Frau v. Wildheim! — II^{do}. im zweyten Frau v. Storbach, mit dem Juden Askerle.

Sandel. Was mit einem Juden? — gar mit einem Juden?

Lorenz. Sey still Weib — und wundre dich darüber nicht — die Juden sind jetzt mit den Christen in lauter Blutsfreundschaft, und die Christen haben sie so lieb — daß manche sogar noch bessere Juden selbst werden.

Schulmeister. Frau Sandel — der Herr v. Askerle ist auch kein Jude mehr — um und um ist er auch gar Christ worden.

Lorenz. Ja Weib — von des Herrn seinen Renome ist die ganze Stadt voll — es sall gar ein braver Mann seyn, ich hab ihn selbst kennen gelernt — ein schöner Mann, ein höflicher, ein süßer Mann — und wie gustios er sich tragt — er fahrt und reit' auch Trotz einen Postknecht, und mit die vornehmen jungen Herrens geht er just so um, als wenn er ihres Gleichen wär, ich hab' ihn auch an Sonntägen und Feyertägen in der Andacht gesehen, und sogar da muß er ein Amtel haben, denn er hat mit einem Fernglåsel nach allen Winkeln geguckt! —

Sandel. Schau, schau! — was jetzt nicht alles in der Welt geschieht! —

Schulmeister. Um und um, Frau Sandel es geht in der Welt nicht anders

Lorenz. Nu weiter —

Schulmeister. III^{tio}. Fr. v. Fischhaut mit den Türken Hemet.

Sandel. Wie? was? — mit einem Türken — mach doch der Herr keinen Spaß — ein Frauenzimmer wird sich mit einem Türken trauen

Lorenz. Nu und warum denn nicht — schau Sandel — du bist schon aus der alten Welt — du weißt nicht, was die jetzigen Frauenzimmer für Curage haben.

Sandel. Aber ein Türk — bitt dich gar schön, ein Türke, ich erschrick dir ja, wenn ich ihn nur sehe.

Lorenz. Fürchte dich nur nicht — du wirst sehen, daß das gewiß ein braver Mann seyn muß, und die Frau Mahm wird ihn auch schon Mores gelehrt haben, denn ich weiß, daß sie die größten Wildfangs bändigen kann.

Sandel. Aber ein Türk!

Schulmeister. Türk um und um, Frau Sandel — es sind Menschen wie unser einer — und ich hab schon einmahl gelesen, daß wenn ein Türk bey seinen Bart schwört, so sey's mehr werth, als wenn bey uns zehn Advocaten einen Contract schließen —

Sandel. Aber halt ein Türk! —

Lorenz. Halts Maul! — wenn du ihn kennen wirst, so wirst vielleicht ganz anders reden, Herr Martin, die Musik hat der Herr doch auch besorgt — die Zimmer sind doch alle im obern Schlosse zugerichtet, und endlich der lebendige Tanzboden

Schulmeister. Um und um soll der Herr Lorenz gewiß seine Herzensfreude haben! — vor dem dritten Kreutzweg vor dem Dorf stehen Paar und Paarweis die Trompeter auf dem Schloß, da stehen Stück und Böller, die Bauernjungen und Menscher, alles in Galla, und die Zimmer illuminirt — für jeden zubereitet; einen, um und um, Herr Lorenz einen einzigen Zweifel hab ich —

Lorenz. Nu und der wäre?

Schulmeister. Wo legen wir den Türken hin.

Lorenz. (sich etwas besinnend) Wart der Herr — da wollen wir die Frau von Fischhaut fragen. —

Fünfter Auftritt.

Vorige. Links.

Links. Links und rechts wünsch ich einen rechten — guten Morgen

Lorenz. Sind Sie mir willkommen mein Herr Advocat; zwey Mahl, — als Gast, und —

wie ich hoffe, als ein glücklicher Vothschafter. —
Wie stehts mit unserm Prozeß — haben Sie das
Urtheil mit gebracht?

Links. Links und rechts ist das ein verteufelter
Streich.

Lorenz. Wie so? haben wir etwan gar

Links. Verloren!

Lorenz. Verloren! — verloren? (ernsthaft,
und rasch) verloren — eine so gerechte Sache! —
mein Gott! —

Links. Links und rechts haben Sie Herr Lo=
renz nicht die nöthigen Befehle herbey geschafft —
und Graf Wernhall hat außerordentliche wich=
tige Documente beygeleget — sogar einen Spe=
cial=Befehl des Fürsten hat er ausgewirkt, wo=
durch uns ein ewiges Stillschweigen auferlegt
wurde!

Lorenz. Wie, was? Stillschweigen uns, uns? —
sauber — und das weil wir Recht haben —
und das vom Fürsten selbst — Herr — der Herr
ist ein Lügenbeutel, das ist gewiß nicht wahr —
unser Fürst der jeden hört, der jeden alles Gute
verspricht, hat das nicht — das ist gewiß erlogen.

Links. Links und rechts betheure ich das bey
meiner Ehrlichkeit — ich habe alle Kräfte ange=
wandt — Hier sehen Sie die Expensspecification
vier Bogen stark, betragt 300 fl. links und rechts
hab ich alles versucht —

Lorenz. Und das von lauter Rechts wegen —
nu — gut, nu gut! — gib der Herr Advocat
her — ist auch recht — sollen Bauern blei=

ben! — und glücklich — und so ist's auch gut—vielleicht komm ich einmal in des Fürstens Nachbarschaft — und da will ich euch gewiß ins Handwerk pfuschen! —

Links. (gibt die Akten) Herr Lorenz links und rechts, ich bin ein ehrlicher Mann —

Lorenz. (heiter wie zuvor) Das glaub ich — das glaub ich (zu Sandel) du Sandel laß gegen die guten Leute nichts merken, daß der Prozeß verloren ist — der Herr ist von Nahmen, und von der Ehrlichkeit links — ich fahr in ein Paar Tagen nach der Stadt, und will das Ding anders angreifen, mußt ihnen also keinen unnöthigen Schreck machen.

Sandel. Mein Gott, mir ist bange für die armen Leute — aber ich will schon schweigen —

Lorenz. Verdirb mir nichts — heut muß alles lustig seyn — oder jeden verwirrten Augenwink rechne ich dir heute auf die Nacht ab! —

Sandel. Nu ja, das wär recht — behüt uns der Himmel!

Lorenz. Herr Links, jetzt bitt' ich, thuns als wenn Sie zu Hause wären.

Links. Links und rechts werde ich von Dero Einladung profitiren — (verlegen) Apropos, ich habe doch auch links und rechts die Expens-Note richtig übergeben —

Lorenz. Richtig pr. 300 fl. — doch damit Sie nicht wieder suchen dürfen — so kommen Sie nur mit — ich will sie gleich bezahlen.

Links. O kein Mißtrauen — kein Mißtrauen,

links und rechts — Herr Lorenz, sind ein recht=
schaffener Mann — und ich — ja ich — links
und rechts — ich bin auch ein redlicher Mann —

Lorenz. Belieben der Herr Advocat nur zu kom=
men (will gehen; der Schulmeister hält ihn und sagt
leise)

Schulmeister. Bst! — um und um Herr
Lorenz, wo legen wir denn den Herrn Advocat
hin? —

Lorenz. Links Nro. 5.

Schulmeister. Wie — in das Zimmer, da
ist ja kein Fenster.

Lorenz. Thut nichts — die Gerechtigkeit ist ja
ohnehin blind — und manche Sachwalter se=
hen nicht gern in die Sonne (laut zu Links) Kom=
men Sie Herr Links, sie sind ein ehrlicher Mann,
und ich habe ehrliche Ducaten! (führt ihn ab)

Schulmeister. Um und um Frau Sandel —
wir dürfen jetzt um und um zur Arbeit schauen! —
die Gäste werden bald da seyn — und das ist
kein Spaß, wenn um und um so viele Leute aus
der Stadt kommen, da darf man um und um
alle Sinne zusammen nehmen, damits um und
um kein Sau setzt.

Sandel. Geh der Herr Schulmeister nur zu —
ich werde mich schon umtummeln, nu ich bin
doch auf die Stadtleute recht begierig, aber halt
besonders auf den Türken. (ab)

Sechster Auftritt.

(Zimmer in Frau Blanks Wohnung.)

Frau Blankin allein,

(ländlich, aber so gekleidet, daß alles von Reichthum Zeugniß gibt, sie tritt ein, hält einen Brief in der Hand, liest ihn.)

„Gnädige Frau!
„Ich kann Ihnen noch nichts Entscheidendes von „Ihrem Prozesse melden, — man gehet in dieser „Sache so geheimnißvoll zu Werke — daß man „schlechterdings nichts auskundschaften kann — „doch habe ich mit vieler Mühe erfahren, daß in „wenig Tagen das Urtheil kommen muß, und „dann ertheile ich Ihnen den schleunigsten Be= „richt! — die Kundschaften, die ich von dem Aufent= „halte des Grafens einhohlte, stimmen fast ein= „hellig dahin, daß er nicht mehr lebe" —

Frau Blankin (wirft sich auf einen Sessel.) Und warum ich noch? — vergebens gute ehrliche Leute bemüht ihr euch, mir mein Leben angenehm zu machen, das ohne ihn meinem Herzen eine Todesstille ist! — es war ja eine Ehe, die weder Eigennutz noch Verhältnisse zwangen; die — Rosenketten der Liebe banden sie — die Kabalen am Hofe trennten sie, und diese konnten ja diese Wurzel nicht zerfressen (sie legt den Brief zusammen) Guter Storbach, ich danke dir, obschon nicht für deine traurige Kundschaft, doch aber für deine getreue Bemühung.

Siebenter Auftritt.

Ferdinand. Vorige.

Ferdinand (der bemerkt, daß seine Mutter traurig ist, sagt bewegt:) Wenn werd ich diese Thräne ganz trocknen können.

Frau Blankin (liebevoll.) Am Grabe mein Sohn.

Ferdinand. Wie, in dieser Stimmung an einem solchen Tag der Freude.

Frau Blankin. O! und könnte denn nicht gerade diese Freude, diesen meinen Schmerz zum Schatten haben? o Ferdinand! Ferdinand! — du hast mit der veränderten Lebensart jede deiner Empfindungen verändert! — du hast dein Glück in jene todte Ruhe begraben, die den Mann so ganz thatenlos machet — Ehre, Würde, selbst die Rechte deines Vaters scheinen deinem Herzen keine eifernde Flamme mehr zu entlocken. —

Ferdinand. Welche traurigen Bilder, liebe Mutter zwingen eure Fantasie zur Ungerechtigkeit — was findet ihr des Vorwurfs billig an mir — welcher Vernachlässigung könnt ihr mich beschuldigen — welcher Kälte mich bezeihen? ihr sprecht von Ehre und Würde, und laßt mir den Verdacht, als ob ihr jene Flitterpuppe darunter verstehet, unter deren steifen Rock sich der Müßiggang flüchtet — Ehre, innere Überzeugung von Rechtschaffenheit. Ich fühle das stolz in meinem Busen, und dieß giöt mir auch in diesem Stande eine Würde, die ich um keine goldene Kette vertausche. Und die Rechte meines Vaters, eingeschlungen in den Krallen der mächtigen Boßheit, hält es meiner Klugheit rathsamer, durch scheinbare Vergessenheit das Ungeheuer einzuschläfern, und von der Zeit die Gelegenheit zu erwarten, wo sich der tödtliche Stoß führen läßt!

Frau Blankin. O eben diese gedehnte Zeit!

Ferdinand. Liegt sie zu kürzen in meiner Macht? — Der gute ehrliche Schwiegervater läßt es doch wahrlich an Geld nicht fehlen, durch den Heißhunger des Advocaten dessen Fleiß spornen zu wollen; — aber die schneckenmäßigen Schritte, die die Gerechtigkeit gegen Große zu gehen gezwungen wird, bringt selbst das Geld in keine feurigere Bewegung! Was soll meine Kraft — soll ich sie wohl fruchtlos verzehren? Meine liebe Mutter! machet mir darüber keinen Vorwurf! — lasset nur den Zeitpunct kommen — und ihr sollt meine Kraft, mein Feuer sehen — ihr sollt euch wundern, wie der sanfte zärtliche Ehemann, in den lodernden rächenden Sohn umgewandelt erscheinen soll!

Frau Blankin. Ferdinand!

Ferdinand. Heitert euch auf, Mutter! trüb seyn hat nie gefrommt; — und heute bitte ich euch doppelt, störet nicht der guten Leute Freude durch eure Thränen.

Frau Blankin. Wenn dein Vater nicht mehr lebte?

Ferdinand. Nicht diese eure Thränen, nicht mein Toben würden ihn zurück rufen. Genug, Mutter! ich werde handeln als Cavalier für meine Ehre so warm und thätig, als sorglos ich mich jetzt als Bauer, der seligen Ruhe in den Armen meines Weibes überlasse. Liebe Mutter! würzet das Vergnügen dieser frohen Scharen durch einen fröhlichen Blick. Ihr wißt, jedes Kind liest in euern Augen — ihr seyd als Mutter auf der ganzen Herrschaft so innig geliebt, als ihr selbst in euern Glanz vielleicht einst kaum geehrt ward!

Frau Blankin (sich fassend.) Nu, Gott wird diese Aufwallung wieder vorüber nehmen, und mein Herz zur Freude stimmen, damit ich euch nicht störe.

Ferdinand. Thut das nicht um der Vorsicht willen, die uns in einen Kreis von so guten Menschen geworfen hat! — Denn wahrlich, Mutter! außer Wünschen, die mehr Gewohnheit als Bedürfniß entlocken, wüßte ich nicht, was uns zu dem Glücke fehlen könnte. Gewiß ist es: Zufriedenheit liegt in uns; — aber die nie unglücklich waren, haben nicht Gelegenheit, diese Wahrheit fühlen zu lernen!

Achter Auftritt.

Vorige. Herr von Askerle, der die beyden Weiber, Friderike und Röschen, am Arme führt.

(Askerle, der zu einer Landplaisir cavaliermäßig gekleidet ist, hat eine Lorgnette, mit der er von Zeit zu Zeit die nebenstehende Person betrachtet. Doch muß dieses alles so geschehen, daß es nicht beleidiget. Er blinzet auch mit den Augen, um dadurch die Schwäche zu verrathen, die ihm die Lorgnette nöthig macht. Er spricht rein deutsch, und dann und wann schlägt das Jüdische vor. — Der Schauspieler dieser Rolle wird gebethen, in diesem Charakter den feinen Weltton des geschicktesten Weltmannes zu legen, ohne aber denselben durch Affectation zu überspannen.)

Askerle (im Hereintreten.) Ein Paar so liebenswürdige Geschöpfe lassen nichts anders als eine sehr liebenswürdige Gesellschaft vermuthen, von der ich auch schon mit dem ersten Blick überzeuget bin. (Er macht anständige Verbeugungen, die man erwiedert.)

Röschen. Die Gesellschaft wird es Ihnen merken, daß Sie dieselbe verließen.

Askerle. Ich that in jedem Falle meine Schuldigkeit; meine raschen Engländer flogen jedem übrigen Paar weit vor; ich kam früher ans Ziel als alle. — Frau v. Storbach will sich von der Schnelligkeit unserer Reise erhohlen und nimmt Erfrischungen. Ich sah Sie, meine beyden Schönen! in jener reitzenden Geschäftigkeit, die ein so treues Bild von jener ländlichen Ämsigkeit ist, die hier die Würze des Lebens seyn muß. Ich konnte also unmöglich diesen Augenblick so ungenützt entschlüpfen lassen. Ich stelle Ihnen also den Herrn Gemahl, und der liebenswürdigen Schwiegermama ihre Angehörigen zurück. Vermuthlich irre ich nicht!

Ferdinand (höflich.) Sie irren nicht, mein Herr! oder wie ich die Ehre haben soll Sie zu nennen.

Askerle. Baron Askerle ist mein Nahme. In welcher dieser beyden Frauen habe ich die Ehre, die Ihrige zu kennen?

Röschen (schelmisch.) Ich bin sein Hausübel; aber die ist auch schon versagt.

Askerle. Sie können dem schönen Geschlechte keine größere Lobrede halten, als wenn Sie sich zu einem Muster des Übels aufstellen. Wie groß muß das Gute seyn! Nicht wahr? Ich will mich auf Sie berufen, mein Herr!

Ferdinand. Wahrhaftig, mein Herr Baron! mein Röschen hat sogar unrecht nicht. Doch Sie können sich am besten selbst davon überzeugen, es wird heute so manche Gelegenheit geben. Ich sags Ihnen aber voraus: der Schelm, den Sie in ihren Augen finden, ist noch lange nicht halb so groß, als der auf ihrer Zunge sitzt, und in ihrem Kopfe wohnt.

Askerle. Wahrlich dieses Ihr Zeugniß muß

die große Welt trauern machen, ein solches Kleinod hier verschlossen zu wissen!

Ferdinand (zu Röschen.) Da wirds heute Narren regnen!

Röschen. Laß nur gehen. — Heut geht alles paarweise.

Neunter Auftritt.

Fritz von Wendelburg. Vorige.

Fritz. Ha, ha, ha! vous voilà attrappez! Dacht ichs doch gleich, man wird Sie da suchen müssen. Sie flogen uns davon. Aber der Teufel, das sind auch ein Paar Engländer! wie hoch geben Sie mir sie per Wechsel?

Askerle. Wenn Sie einen guten Giranten haben, 300 Ducaten.

Fritz. Sie kennen ja den reichen Hemet.

Askerle. Den Araber, der Frau v. Fischhaut Cicisbeo? Ah! darauf schlag ich zu!

Fritz. Der Handel gilt; so bald sie nachkommt, wollen wir einig werden.

Askerle. Sind sie noch zurück?

Fritz. Der Türk kann nicht kutschieren; alle Augenblicke müssen seine Mohren und Reiter zu Hülfe. Es ist zum todt lachen; sie sind nicht eine gute halbe Stunde vom Dorf. Doch übrigens ist schon alles da. Man hat mich auch nach Ihnen und nach den Damen gesandt. Meine Damen! ich habe die Ehre mein Compliment zu machen.

(Zu Röschen.) Ihnen, Frau Exgemahlinn! doppelt! — und ich hoffe heut als Gesellschafter glücklicher zu seyn als vor drey Monathen als Brautwerber. Sieh nur Askerle dieß Auge — das Feuer und dieß Schmachten! (Auf Friderifen zeigend.) Zum Aussuchen! — Nun, wir wollen heute recht lustig seyn.

Alle. Ja, das hoffen wir!

Fritz. Sa allons Messieurs, Mesdames zur Gesellschaft!

Askerle. Ich werde mir die Ehre nicht nehmen lassen. (Nimmt Röschen.)

Fritz. Und ich — (Nimmt Friderike.)

Ferdinand. Kommt liebe Mutter! zwar minder etikett, aber eben so warm; wenigstens führe ich euch am Arm des Sohnes — als diese galanten Herrn an der Seite der Koketterie!

Frau Blankin (zu Ferdinand leise.) Junge Männer! ihr habt Augen heute nöthig.

Ferdinand. Haben ja die Herzen unserer Weiber. Laßt sie nur tändeln — solche Windhunde sind nicht zu fürchten!

Askerle. Sie werden uns doch das Gastrecht zuerkennen? (Will Röschen küssen.)

Fritz. Natürlich! (Eben so mit Friderifen.) Wie du nur fragen magst.

Beyde Weiber (reissen aus.) O auf dem Lande gibts auch Hexerey, also nicht alles so ganz natürlich! (Sie laufen fort. — Askerle und Fritz, die sie haschen wollen, stoßen an einander an, daß sie zurückprellen.)

Fritz. Verdammt, statt Kuß —
Uskerle. Blaue Nase!

(Alle ab.)

Zehnter Auftritt.

(Scene, die reizendste Aussicht nach dem Dorfe, rückwärts ein Theil des Schlosses; man sieht alles geziert und geschmückt.)

Ein alter Mann, abgerissen, und in dem dürftigsten Zustand.

Fröhlichkeit — Zeuge der Tugend, du winkest mir hier mit freundlichen Lächeln! Die reine Luft, unvergiftet von dem Hauche boßhafter Menschen, würde selbst Balsam für meine Wunden werden können! Alles lacht mir da so mit einer aufrichtigen Herzensfreude entgegen — und seit den kummervollen Jahren ist das der erste Augenblick, der einen Strahl von Heiterkeit in meine Seele wirft. — (Nach einer Pause.) Wars Zufall oder Vorsicht, der mich daher verirren macht? Es wärmet sich mein Herz mit jedem Gegenstand, der meinen Augen entgegen strahlt! Ich fühle mich gut, und danke dir, unbegreifliches Wesen! dem ich so vieles schon zu danken habe! (Setzt sich.) Wie alles geschmücket — und so kunstlos — niedlich gezieret ist! Wahres Bild natürlicher Schönheit! — O, und die mannigfaltigen Freuden, die sich da zu sammeln scheinen! O ihr vornehmen Thoren mit euern abgestumpf=

ten Sinnen, kommt doch daher! sehet den Jüngling, das Mädchen, den Freund, den Vater! — (Plötzlich aufstehend.) Den Vater! — den Vater! — O unglückliches Wort, das meinen Lippen entfuhr, und alle Schmerzen meiner Seele zum Aufruhr ruft! — Vater! Unglücklicher — he da liegts — und meine Kinder, meine Kinder! — (Weinend.) O doch fort! fort! fort mit dir Fröhlichkeit und Freude! — fort mit euch ihr Bilder des Glückes! — fort mit mir von dieser glücklichen Hütte! — Ihr Glück könnte mich wohl eben so unglücklich machen — als leicht diese Lumpen irgend einem guten Herzen dieser unschuldigen Bewohner eine Thräne entlocken und in seinem Vergnügen stören könnte! Seyd glücklich! und wenn euer Glück so groß ist, daß heute bey euch so mancher Unglückliche sein Unglück vergessen könne, so wird es doch kein so unglücklicher Vater als ich!

Eilfter Auftritt.

Voriger. Romberg.

Romberg (als Bauer, aber schön gekleidet, kommt hinter einigen Bäumen hervor, so daß man gewahr wird, er habe den Alten schon lange gesehen.) Sein Anblick schon zog mich an, seine Worte noch mehr! (Der Alte geht; Romberg ruft:) Wo eilt ihr hin, guter Alter?

Alter. Nach der Stadt.

Romberg. Habt ihr so dringende Geschäfte da?
Alter. Seht ihr das nicht an meinen Haaren?
Romberg. Wahr, sie sind grau, und da ist Ruhe das dringendste Bedürfniß.
Alter (betroffen, bleibt stehen.) Ach!
Romberg. Ihr seufzt und verweilt — gerade so viel, als ob ihr nicht recht wüßtet, ob ihr diese eure Ruhe in der Stadt finden würdet, oder ob sie vielleicht nicht auch da wohne!
Alter. Dürfte ich sie nur unter guten Menschen suchen, so hätte ich sie wohl hier sicherer gefunden, wenn nur Drey euch an Ton und Miene gleich, wenn ihr sogar nur der einzige Gute selbst wäret!
Romberg. Bist du dir denn nicht selbst genug Mensch?
Alter. Bring mir den Todtenschein von einem guten Weibe und ein Paar trefflichen Kindern, und mein Schmerz wird zwar der Natur Lösegeld bezahlen; aber ich habe dann in der Registratur der Pflichten um ein Paar Nummern weniger!
Romberg. Du bist also Gatte und Vater?
Alter. Diese Nahmen sammt ihren Gefühlen haben sie mir nicht stehlen können!
Romberg. Warst glücklich?
Alter. Ich träumte davon!
Romberg. Kannst es wieder werden?
Alter. Wenn ich sie finde!
Romberg. Darf ich neugierig seyn?
Alter. Ich muß dich um dieser Neugierde wil=

len lieben. Nur mußt du mir verzeihen, wenn ich sie nicht befriedigen kann!

Romberg. Ich bin ein ehrlicher Mann!

Alter. Das seh ich an deinem Gesichte und an deiner Kleidung.

Romberg. Du bist arm?

Alter. Doch lebe ich!

Romberg. Unter der Last des Mangels.

Alter. Ohne Bewußtseyn eines Lasters gibt es keinen Mangel!

Romberg. Alter! ihr macht mich aufmerksam immer mehr und mehr. — Darf ich dich um etwas bitten?

Alter. Du kannst nichts Unbilliges begehren!

Romberg. Bleibe bey uns!

Alter (lächelnd.) Eine treuherzige Bekanntschaft wäre das! Meine Lumpen sind für dich das, was für manchen in der Stadt Schmuck und Glanz ist. Du bist vielleicht eben so neugierig, in mir einen Philosophen kennen zu lernen, als ich es werden könnte, dich nicht für einen bloßen Bauer zu halten. — Allein, was gewinnen wir dabey?

Romberg. Wahrheit! Das ist sehr viel!

Alter. So will ich dir nur einen Theil von mir sagen. — Das Glück hat sich einst an mir versündiget, und wollte jetzt diese Sünde gut machen, warf mich daher vom Gipfel in den tiefsten Abgrund. Sollte ich nicht meine ganze Familie mit mir reissen, so war mir nichts übrig, als die Flucht! Ich verließ Weib und Kinder unter der peinlichsten Ungewißheit, ob ich todt oder lebend bin. Ich durchirrte ferne Länder, und was körperliches Elend sagen wollte, das ließ mich der innere Schmerz nicht bemerken. Sechs Jahre gab ich der Wuth des Schicksals nach. Eine geheime Stimme rief mich zurück: ich muß nach der Stadt! Ich habe Ursache, die Landstraße zu vermeiden, und dieser Seitenweg brachte mich zu euch! Ihr seyd fröhlich — ich gebeugt! Es wäre grausam, eure Fröhlichkeit durch meinen Anblick zu stören. So viel auf dein Gesicht! — Leb wohl! — vielleicht sehen wir uns wieder!

Romberg. Armer Unglücklicher! schon wäre diese Erzählung für mein Herz alles. Aber wisse, guter alter Mann! ich darf dich nicht von hier lassen.

Alter (erstaunt.) Nicht lassen?

Romberg. Nein! Es ist hier ein Gesetz, vermög welchem kein Unglücklicher ohne einiger Labung von diesem Boden darf. Ich bin ein treuer Unterthan; du mußt mir erlauben, daß ichs bey dir befolge.

Alter. Wem gehört diese Herrschaft?

Romberg. Einem ehrlichen Manne, der sonst keinen Titel weiter hat.

Alter. Du machst mich staunen!

Romberg. Du kannst wählen, was dir gut dünkt, armer Unglücklicher! dich an unsern freudigen Augenblicken zu sonnen, oder in einem einsamen Orte des Schlosses deiner Ruhe zu pflegen! — Aber diesen Tag, diese Nacht über mußt du bleiben! Es ist Bitte eines warmen jungen Mannes, es ist Gesetz eines alten, redlichen, liebevollen Vaters! Wähle was dir beliebt — aber bleiben mußt du!

Alter. Sonderbar, sehr sonderbar! Aber da es Gesetz ist, so folge ich! Ich war stets ein getreuer Unterthan, und wer immer mein Schutzherr seyn will, soll diesen immer in mir finden. Das ist Pflicht und Dankbarkeit; und kein ehrlicher Mann vergißt diese beyden.

Romberg. So folge mir!

Alter. Doch da du mir zu wählen erlaubtest, so laß mich in Einsamkeit den Armen der Ruhe zusinken!

Romberg. Wie du willst, was du willst. Niemand soll dir lästig fallen; niemand als der Grundherr soll auch von dir etwas wissen, und deine Versorgung ist meine Sache.

Alter. Ha, was ist das — Gesang, Trompeten und Jubelschall!

Romberg. Gäste aus der Stadt. Komm, ehe dich diese erblicken! Es sind Menschen darunter, die nicht einmahl werth sind einen Unglücklichen zu erblicken, da sie nicht fähig sind Unglück zu fühlen. Komm guter Alter! du bist für diese zu gut. (Er führt ihn ab. Man hört Gesang, Trompeten und Chor.)

Zwölfter Auftritt.

(Man hört von weiten blasen, trompeten, und allerley Juchhe schrey'n. — Ein Zug Bauern und Musikanten kommen von der Dorfseite; Lorenz und Sandel voran, nach denselben paarweise Asterle und Frau Storbach, Fritz von Wendelburg, Frau von Wildheim, Frau von Fischhaut, Frau v. Salmbach, Ferdinand, Röschen, Friderike mit Frau Blankin.)

Lorenz. Wir müssen ihnen ja entgegen gehen; die Frau Mahm und der türkische Pascha verdienen ja ein extra Compliment. Seyd lustig, singts Kinder, und Musikanten blasts drein, daß 's sauf't und schallt!

Chor.
d'Leut' kommen anmarschirt,
d'Fidelbögen sind schon gschmiert.
Streichts nur drauf, blasts frisch drein!
Alles muß lustig seyn.
   Juch he, he, ha, ha!
 Die Bauernpursche.
Diendeln heut tummelts euch!
 Die Mädchen.
Thun's euch in allem gleich!
  Tutti.
d'Fidelbögen sind schon gschmiert,
d'Leut kommen anmarschirt.
Streichts nur drauf, blasts nur drein!
Alles muß lustig seyn.
   Juchhe und hopsasa!
   Tralla und trallara!
    (Man bläst und lärmt.)

Dreyzehnter Auftritt.

Vorige. Frau v. Fischbaut. Hemet. Vier Mohren und vier türkische Reiter. Zwey Mohren tragen große Fächer, einer eine Tabakspfeife, und einer ein Parasol.

Frau v. Fischbaut. Meine Herrn und Damen! die Verzögerung kommt der Ungewandtheit im Kutschieren dieses sonst in jedem andern Fache so berühmten Mannes zu Schulden. Sie müssen das übersehen. Übrigens habe ich die Ehre der ganzen Gesellschaft, in diesem wackeren Manne, meinen vertrautesten Freund vorzustellen. — Wie gefällt Eurer Herrlichkeit dieser ländliche Aufenthalt?

Hemet. Asmulak illa meiner Ginder! ist lieblich Gegend. Frisch — angenehm — salmi sek! (Er macht ein Compliment nach türkischer Art; alles erwiedert es. Die Bauern gaffen und staunen, besonders die Weiber.)

Lorenz. Gehorsamer Diener, Herr Vetter Türk!

Hemet (reicht ihm die Hand.) Allah bazal! Was ist das Vetter?

Lorenz. Das ist so viel, als da Frau Mahm, (auf die Fischbaut zeigend.) Der Herr Vetter Türk sind von meiner Frau Mahm ein guter Freund! also müssens auch mein Herr Vetter seyn!

Hemet. Is reckt guti ehrliche Vetter! und du a Vetter — heiß Sie? — wie Sie du heiß?

Lorenz. Lorenz!

C

Hemet. Lorenz!

Die Weiber (Salmbach, Storbach, Wildheim.) Da seh man, das Glück, was die Kreatur hat!

Fritz v. Wendelburg (hüpft hurtig zur Fischhaut, und sagt ihr heimlich:) Liebe Fischhaut! ich bitt' dich recht schön, mache, daß der Türk für mich gut stehet; der Askerle gibt mir auf Wechsel seine Engländer.

Frau Fischhaut. Wart nur damit bis auf den Abend. (Laut.) Nun meine Damen! Sie bemerkten mich ja kaum. Ich habe doch schon die Ehre gehabt, ein Compliment zu machen.

Alle. Grüß dich Gott, liebes Schwesterchen! — wie prächtig!

Frau Fischhaut. O das ist nur à la campagne. — Er hat mir erst aus Constantinopel sechs Kaftane verschrieben; die sollt ihr sehen!

Wildheim. Aber wie in aller Welt fiel dein Gusto auf einen Türken!

Frau Fischhaut. Ich schwöre dir, daß dieser ein rechtschaffener Mann ist!

Hemet, (der alles genau betrachtet, erblickt die Menge Weiber.) Lorenz — Vetter — ist sie das alles Serail?

Lorenz. O lieber Himmel! unsereins hat an einer zu viel; wohin mit so vielen!

Hemet, (der alles mit lüsternen Augen durchmustert, wird Röschen gewahr.) He Vetter, wer das liebe süße Kind da?

Lorenz. Meine Tochter.

Hemet. Tochter? Tochter? (Er vergißt sich so

sehr, daß er sich nicht mehr zu fassen weiß. Fischhaut bemerkt es, und stellt sich dazwischen; doch Hemet drängt sich vor. Endlich, da sie ihn gar halten
will, zieht er seinen Ring vom Finger und gibt ihn
Röschen. Sogleich fallen alle vier Weiber ohne Röschen bestürzt zusammen. Hemet eilt, ohne auf Röschen zu achten, sagt zu Lorenz:) Vater Lorenz! du
mir geben dein Tochter — ich sey dein Vetter und
dir geb' Million Geld. — Süße Kind! ich brenne zu dir!

Links. Links und rechts! Was ist das für ein
Auftritt!

Schulmeister. Um und um sind ja die Weiber
mit den Türken alle närrisch!

Die Weiber. Ha! welch ein Schimpf!

Lorenz. He, kommt zu Hülfe! Bringts die Frau
Mahm weg und löst's den Türken aus, sonst geschieht ein Unglück nach dem andern! (Alles lacht
und läßt ihn.)

Die Bauern. Das sind curiose Menschen!

Links. Links und rechts!

Schulmeister. Um und um!

Ende des ersten Aufzugs.

Zweyter Aufzug.

(Ein schönes Zimmer im Schlosse.)

Erster Auftritt.

Lorenz. Blumenthal. Fürst (als Jäger.)

Lorenz (öffnet ihnen die Thüren.)

Belieben Sie nur da herein zu spazieren; ehrliche Leute brauchen bey mir keine Recommendation. Auch ohne den Brief von meinem Vetter, den Postmeister, wären Sie mir herzlich willkommen gewesen.

Blumenthal. Lieber Herr Lorenz! der Ruf von Ihnen geht weit und breit; das veranlaßte die Begierde in mir und meinen Freund, Sie näher kennen zu lernen! Doch so als ungebethene Gäste, glaubten wir uns mit einer Art von Beglaubigungsschreiben Ihres redlichen Verwandten versehen zu müssen!

Lorenz. Ey was, Kinderey! solche Jagdgäste sind überall willkommen, auch überall zu Hause. Wollen verlieb nehmen und den Spaß vermehren helfen, wird mir lieb und werth seyn. Hab erst vor kurzem meine Kinder ausgeheirathet, und weils da in der Stadt Verwandte und Bekannte haben, so hab ich heut der ganzen Freundschaft d'Hausnudel gegeben; — und wie gesagt, mich freuts herzlich, wenn zwey so hübsche Männer die Compagnie vermehren wollen.

Fürst. Es sind wohl viele vornehme Leute zu Gaste.

Lorenz. Hm! wie mans halt nehmen will. Vornehm heißt bey der Zeit so manches, was oft schlechter als gemein ist, und unsereins bückt sich vor dem Kleid, und da glaubens, es geht sie selber an.

Fürst. Also von so zweydeutigen Charaktern besteht die Gesellschaft?

Lorenz. Bitt' um Vergebung! Im Grund ist jedes durch und durch honett; meine Frau Mahm, die Frau v. Fischhaut ist eine privilegirte Stadtdame, eine galante Frau; ihr Herr, ein seelenguter Mann und vertrauter Freund vom Baron Wendelburg, der auch mit seinem Sohne da ist. Weiters ist da ein gewisser Baron Askerle, der soll gar mit die vornehmsten Herrn verwandt seyn; hernach ist noch da ein vornehmer Türk.

Fürst und Blumenthal. Ein Türk?

Lorenz. Ja, ein Türk! Es ist ein guter Freund von meiner Frau Mahm; und weils denn in der Stadt der Brauch ist, daß jede Madam ihren Monsieur mitbringt, so hat sich die Frau Mahm einen Türken ausgesucht, damit ihrs die andern nicht so leicht nachmachen sollen.

Fürst. Das muß artigen Contrast geben!

Lorenz. Ja der Türk ist ein Teufelskerl; er hat schon ein erbärmliches Spectakel angefangen.

Gleich beym ersten Eintritt verliebt sich der Geißbart in mein Mädel!

Fürst (hastig, aber sich gleich fassend.) In seine Tochter?

Lorenz. Ja! gibt ihr einen Ring.

Fürst (wie oben.) Einen Ring! — und das Mädchen?

Lorenz. Kinderey! ist ja schon ein Weib, und fürchtet sich vor keinem Türken. Sie hat dazu gelacht und ihn weggeworfen. Aber die andern Weiber sind aus lauter Eifersucht schier närrisch geworden. Ich habs nur alle geschwind auf den großen Saal bringen lassen und den Türken in die frische Luft geschickt.

Fürst (zu Blumenthal.) Dieser Bauer ist vernünftiger als vielleicht alle glauben. Wir haben der Vorsichtigkeit nöthig.

Blumenthal. Wollen schon fertig werden.

Lorenz (bey Seite.) Das werden wohl die vornehmsten Gäste bey meiner Tafel seyn; für die muß ich wohl eine extra Pastete kochen.

Blumenthal (zieht Lorenz bey Seite.) Hör er, mein Freund! mein Compagnon ist gar ein vertrauter Freund des Fürsten. Es wird gut seyn, wenn er sich um seine Freundschaft bewirbt.

Lorenz. Vom Fürsten! — Potz Element! da wollt ich ihm schon auch wieder einen Gefallen thun. — Ich hätte just so einen guten Freund nöthig!

Blumenthal (laut.) Ja lieber Freund Lorenz! wenn Sie beym Fürsten etwas zu suchen haben, da ist Ihr Mann. Er hat freyen Zutritt bey ihm, und der Fürst versagt ihm so leicht nichts.

Fürst. Wirklich, guter Freund! wenn ich ihm beym Fürsten nützlich seyn kann, so darf er vollkommen darauf rechnen.

Lorenz. Nu da wär ich recht glücklich! Ich such zwar nichts für mich; denn Gott seys Dank! ich brauch auf der Welt nichts mehr; ich hatte mir auch ohnehin vorgenommen, in ein Paar Tagen selbst zu ihm zu gehen. Aber wenn man einen guten Freund bey ihm hat, so ists um so viel besser, wenn Sie bey ihm so in Gnaden stehen, so können Sie ihn hernach schon öfters darauf erinnern, daß er nicht vergißt!

Fürst (nimmt Tabak.) Und was betrifft die Sache?

Lorenz. Ich glaub ein ganzes Bändel Spitzbuben, und das sogar solche, denen mans nicht einmahl ins Gesicht sagen darf, daß sie es sind, ohne daß sie einen nicht s'Maul auf ewig petschiren ließen.

Fürst. Und hat man dem Fürsten darüber schon eine Anzeige gemacht?

Lorenz. Es gibt wenig Leute, die sich trauen; weil die meisten, die sich getrauet haben, sichs Maul verbrennt haben. Ich aber fürcht' mich nicht, ich werd' ihm die Wahrheit sagen, wie's mir um d'Leber wächst; und ich wett' gleich mit dem Herrn, der Fürst bedankt sich auf d'Letzt noch bey mir, daß ich ihm die Augen geöffnet habe.

Fürst (nimmt Lorenzen bey der Hand.) Ich danke ihm schon zum voraus in des Fürsten Nahmen; der Fürst liebt Wahrheit!

Zweyter Auftritt.

Vorige. Sandel.

Sandel. Du Lorenz! d'Affen sind angekommen; du, das sind abscheuliche Thiere! (Da sie die beyden Herrn erblickt.) Um Verzeihung!

Lorenz. Sandel, mach ein Buferl! Die beyden Herrn thun uns die Ehre, heut bey uns zu bleiben; und der Herr da, wird mir beym Fürsten einen Gefallen thun. —

Sandel. O je! ist das wahr? Nu so kannst du gleich der armen Familie helfen!

Lorenz. Paperlepapap! plauderst schon wieder!

Sandel. Nu, ich bin schon wieder still. Du! aber wegen die Affen...

Lorenz. Man solls in die große Schupfe einsperren, daß aber kein Mensch nichts merkt! — Meine Herrn! jetzt bitt ich um Erlaubniß meinen Geschäften nachzugehen. Sie sind hier zu Hause; belieben Sie zu der Gesellschaft im Saal zu kommen, oder sich auf andere Weise, wie's beliebt, zu unterhalten — alles nach Wunsch und Vergnügen!

Fürst. Laß er sich durch nichts aufhalten, mein Freund! Ich bin hier ganz zu Hause, und was ich wegen dem Fürsten sprach, bleibt dabey.

Lorenz. Sind ja ein Mann, und da versteht sichs Wort halten von selbst. Also, meine Herrn! nichts für ungut indessen. Ich lasse Sie allein; denn heut muß ich d'Augen auf alles haben. — Sandel komm mit!

Sandel (macht eine Verbeugung, und sagt im Abgehen zu Lorenz:) Du, wer sind denn die?

Lorenz. Ein Paar Jäger.

Sandel. Und was wollen denn die bey uns?

Lorenz. Närrisch Weib! was werdens wollen, tanzen und jagen — gibt ja Mädel und Wildbret. Komm nur, das wird sich schon weisen!

(Ab.)

Dritter Auftritt.

Fürst und Blumenthal.

Blumenthal. Ich hoffe, es soll alles nach Wunsche gehen.

Fürst. Wenn schon nicht so ganz alles; vielleicht doch einiges. Ich bin recht wohl gestimmt, und glaube vergnügt nach Hause zu kehren!

Blumenthal. Wollen Euer Durchlaucht....

Fürst. Begehen Sie doch keinen solchen Staatsfehler, daß Sie sich die Durchlaucht in Mund kommen lassen!

Blumenthal. Nie wieder! — Beliebt es Ihnen zur Gesellschaft zu gehen?

Fürst. Es wäre mir lieb, daß Sie vorher ein

wenig auskundschaften wollten, ob die Gefahr der Entdeckung groß sey.

Blumenthal. Auch das! Sie erwarten mich also hier.

(Ab.)

Vierter Auftritt.
Fürst allein.

(Etwas auf und nieder gehend.)

Es war eine Wallung, es soll eine Wallung bleiben! — Graf, du sollst mir einen andern Dienst erwiesen haben als du wolltest! Ich glaube wohl selbst, daß es bey Macht und Ansehen nicht der tausend Künste brauchen sollte, einem armen Manne sein Weibchen zu verführen! — Der wackere Blumenthal — ein Classiker in diesem Fache, würde mir wohl das Ritterstück meisterhaft ausführen helfen; aber ich will schlechterdings nicht mehr daran denken! — Die Ehrlichkeit dieses Bauers setze ich der Schurkerey des Hofmannes entgegen — und sie wird mich vor der Beschämung bewahren, die noch die geringste Folge meiner Schwäche wäre — statt nach einem Weibe, will ich nach Wahrheit jagen; und mir ahndet, daß ich von der Hand dieses Bauern geleitet, sicherer zu meinem guten Endzweck gelange, als an der Hand so mancher glänzenden Hofschranzen, die den Thron oft umzingeln, und für welche Fürsten nie genug Leidenschaften haben, um die ihrigen damit zu befriedigen. — Ha! da kommt sie ja wohl selbst mit einem Mann — o wie schön sie ist! — es scheint ein Wortwechsel zwischen ihnen. Wo verberge ich mich wohl hin? ha, da in diese Thüre. (Er geht in das Zimmer rechts, und links kommen

Fünfter Auftritt.

Röschen, Ferdinand.

Röschen. So! also gar ein Aufgeboth? und das, wenn ich fragen darf, aus Vorsicht, oder aus Eifersucht?

Ferdinand. Was dir mehr als Beweis der Liebe gelten will, liebes Weibchen!

Röschen. Je nu, da wäre freylich Eifersucht besser! denn in jedem andern Fall schmeckt ein Verboth so zuchtmeisterisch, daß einen völlig die Lust zum gehorchen vergeht.

Ferdinand. Hat dir das schon eine meiner Bemerkungen?

Röschen. Bisher freylich noch nicht. Aber sieh nur lieber Ferdinand! die ersten drey Monathe nennt man die Käsewochen, und die sind nun gerade heute zu Ende!

Ferdinand. Und du fürchtest also...

Röschen. O ich fürchte nichts — denn ich hatte ja auch mit zu singen!

Ferdinand. Du würdest also...

Röschen. Mit dir in ein Horn blasen.

Ferdinand (dessen Eifer immer mehr steigt.) Also wenn ich befehle?

Röschen. Nicht gehorchen.

Ferdinand. Wenn ich drohte?

Röschen. Es zwey Mahl ärger treiben.

Ferdinand. Und wenn ich strafte?

Röschen. Davon laufen.

Ferdinand (zürnend.) Wie? das könnte aus dir werden?

Röschen. Ja, das könntest du aus mir machen.

Ferdinand (bitter.) Und das wirst du vermuthlich heut schon an mir probieren?

Röschen. Wenn du befiehlst, mein Schatz!

Ferdinand. Röschen!

Röschen. Ferdinand!

Ferdinand. Nein, das kannst du nicht!

Röschen. Trau mir nicht —

Ferdinand. Kannst keine Mode-Kreatur werden —

Röschen. Zweifle nicht an meiner Geschicklichkeit.

Ferdinand. Du bist gut!

Röschen. Aber ein Weib.

Ferdinand. Du hast ein Herz!

Röschen. Aber auch einen Kopf.

Ferdinand. Wir zankten uns noch nie!

Röschen. So ists sehr billig, daß wirs auch ein Mahl probieren.

Ferdinand (faßt sie bey der Hand, küßt sie zärtlich und blickt ihr steif ins Auge.) Röschen!

Röschen (deren Muthwille sich ebenfalls in Zärtlichkeit auflöst.) Dacht ich doch, daß ers wieder so weit mit mir treiben wird, bis ich ihm zuletzt die Antwort wieder schuldig bleiben muß! — Nu was soll ich dir jetzt sagen?

Ferdinand. Daß du mich liebest!

Röschen (küßt ihn schnell.) Da lies dirs heraus!

Ferdinand. Ich habe also von diesem galanten Herrn heut nichts zu fürchten — dich vor nichts zu warnen?

Röschen. Doch, doch!

Ferdinand. Doch? — und wer der? o sprich! sprich!

Röschen (lächelnd.) Des Türkens Bart!

Ferdinand. Ha, ha, ha! Schäferinn!

Röschen. Lache nicht zu sehr — der könnte gefährlicher seyn als manches Kinn, das so mit den Gänsen um die Wette streitet!

Ferdinand. Und die Barons?

Röschen. Bis auf den übersetzten Hebräer — ist mir denn einer etwas neues? Nu, und dieses Mosiskind wird doch mit seinen Augenblinzen nicht in mein Herz schauen wollen!

Ferdinand. Du bist des ehrlichen Lorenz Tochter! —

Röschen. Sage lieber, daß ich noch fest glaube, dein Weib zu seyn — dabey bist du sicherer.

Ferdinand. Ja Weib, du bist — und fühlst die Würde und das Glück, ein ehrliches Weib zu seyn! Die Stadtfiguren sollen dich nicht anblicken, ohne vor Schamröthe nicht zu versinken.

Röschen. Ho, ho, wo du wieder hinausschwärmst! Sey nicht so streng, lieber Ferdinand! warum sollen sich die guten Damen schämen, wenn es sie freut, ihren Männern untreu zu seyn? warum soll ich mich denn loben, weil es mich freut, dir treu zu seyn? Ich fühle mich nicht besser als diese, und halte diese nicht schlimmer als mich.

Ferdinand (küßt sie.) Und darum bist du tugendhaft, und ich glücklich!

Röschen. Und das ohne Zwang es zu seyn, ohne Schwur es zu bleiben!

Ferdinand. Du verdienst diese Freyheit; denn du bist nicht fähig, sie zu mißbrauchen!

Sechster Auftritt.

Vorige. Romberg.

Romberg. Ist mein Vater nicht da?

Ferdinand. Bruder! wo steckst du denn heut?

Romberg. Weißt du nicht mein Amt? Hab' die Polizey-Aufsicht im ganzen Dorf auf die Bettler!

Röschen. Doch nicht auch auf Verliebte?

Romberg. Die haben heute Passeport — das gehört ja zur Freude — zur wesentlichsten meine ich — und das muß alles eher befördert, als zerstört werden.

Röschen. Das wollt ich dir auch nicht rathen! — doch was suchst du den Vater so eilig?

Romberg. Ist mir etwas vorgefallen —
Ferdinand. Ein Bettler —
Romberg. Eine Art davon — aber es scheint mir etwas Wichtigers zu seyn —
Ferdinand. Laß mich näher kundschaften? —
Romberg. Das geht nicht — er hat mein Wort! — außer dem Vater niemanden zu sehen! ich darfs nicht brechen! —
Ferdinand. Komm wir wollen den Vater suchen, dann zur Gesellschaft gehen, da gehts dir so bunt zu — wie auf einer Farbenscheibe.
Romberg. Ich wünsche des Gewühls enthoben zu seyn, dieses Geschmeis stört die reinen Freuden der Unschuld — und ich denke unsre Herzen könnten heute ganz davon voll werden.
Ferdinand. Du bist so feyerlich, so bedeutend — was hast du?
Röschen. Was ist dir Bruder — Ferdinand hat Recht! —
Romberg. Laßt euch die Neugierde nicht zu früh plagen — laßt uns unsern Vater suchen. O Ferdinand! — o Schwester mir — mir abndet etwas — etwas — was mein Gefühl für Menschheit und Freundschaft so hoch hebt — daß ichs in eure Hände schwöre, für diese beyden Gefühle zu sterben; kommt! laßt uns den Vater finden! — (ab mit Ferdinand.)

Siebenter Auftritt.

Röschen allein.

Ein guter Kerl mein Bruder — gewiß hat er wieder so einen Unglücklichen auf den Korn, dem er auszuhelfen hofft, denn da glüht ihm die Freude zum Augen heraus — und so auch mein Ferdinand — ja, ja — die Männer, die Männer wenn sie gut sind, so sind sie recht gut, aber wenn sie nicht gut sind, so sinds auch wahre Gespenster! —

Achter Auftritt.

Röschen, der Fürst (hervortretend.)

Fürst. Da haben Sie vollkommen Recht schönes Weibchen!

Röschen. Ach! Ach!

Fürst. Ohne Furcht, Weibchen — ich hoff in ihrer Gallerie das erstere, nicht das letztere zu seyn.

Röschen. Wer sind sie mein Herr?

Fürst. Gast, das übrige sagen meine Kleider.

Röschen. Die Gesellschaft ist in dem untern Saale.

Fürst. Die bessere für mich, ist hier!

Röschen. Hier? (betroffen.)

Fürst. Wir sind nur unser zwey. —

Röschen. Ich bin sehr arm an Worten.

Fürst. Desto reicher an Blicken —
Röschen. Sie scherzen! —
Fürst (sie bey der Hand ergreifend, zärtlich) Ich fühle! —
Röschen (mit Anstand.) Ich bin ein Weib! —
Fürst! Ich hörte vor kurzem ihre Ehstands=Lection.
Röschen. Und wagen es darauf noch! —
Fürst. Ich finde sie schön — und gut! —
Röschen (überrascht.) Auch in Ihnen finde ich beydes.
Fürst (hastig.) O fühlen sie auch —
Röschen. Daß ich Blut habe! —
Fürst (feuriger.) Daß diese Augen, und dieß Herz in der engsten Verbindung stehen.
Röschen (theilnehmend.) Ach!
Fürst. Sie nehmen Theil, Röschen, — ich liebe sie. —
Röschen (hastig.) Dawider ist die Flucht das einzige und sicherste Mittel, — leben Sie wohl — (reißt schnell aus, und sagt im Abgeben.) ich hab meinem Mann nichts geschworen — ich muß ihm desto mehr halten (ab.)

Neunter Auftritt.

Fürst (allein.)

Weg ist Sie — nun wohl mir, daß Sie weg ist, — fliehen, fliehen — ist wohl auch der erste Grundsatz der Tugend, — fliehen — aber sie ist so schön, so gut, beydes in so einem Grad, daß jedes einzeln so zu finden, eine Seltenheit mir deucht, und in ihr beydes beysammen! — o warum mußt ich Sie auch sehen, verlammt über den Zubringer, der seine Absichten so unter den Mantel des Zufalls zu schlagen wußte. Sie mir sehen zu machen, es ist geschehen, was schelte ich auch auf den Kuppler, der doch nur des Zufalls Kralle war — Genug Wilhelm, du mußtest sie sehen, um deine Ruhe zu verlieren, und fühlen zu lernen, daß Fürsten immerhin nichts weiters, als arme Menschen sind! —

Zehnter Auftritt.
Fürst. Graf Blumenthal.

Fürst. Sie ließen mich lange warten.

Graf. Ich hatte so manches durchzuspähen — so manches einzuleiten.

Fürst. Guter Graf, ihre Mühe wird vergebens seyn, ihre Kunst geht an diesem Weibe verlohren.

Graf. Verlohren! —

Fürst. Ja guter Freund, das Weib ist ehrlich.

Graf. Ehrlich! das verhüte der Himmel.

Fürst. Bald sind sie selbst überzeugt.

Graf. Vielleicht nur spröde, die Weiber haben auch manchmahl die Gabe ehrlich zu scheinen, um sich prezios zu machen, nur Muth, ich hoffe — ich wollte beynahe wetten — die Abendluft rauscht über des siegenden Amors Flügel — kommen Sie nur einstweilen zur Gesellschaft.

Fürst. Ich soll sie fliehen — sie selbst lehrte mich dieß aber ach, mein Herz will — muß sie suchen, kommen Sie Blumenthal, ich bin doch auch zu theilbegierig, diese Gallerie von Narren zu sehen (ab.)

Eilfter Auftritt.

(Scene im Schloßzimmer.)

Lorenz, eine Marchand de Mode mit ein Paar Mädchen, welche Cortons und Frisierzeug tragen; 2 Hausknechte, welche die 4 Affen an der Hand führen.)

Lorenz. Jetzt da sieht sie ihre Untergebenen (auf die Affen zeigend) das sag ich ihr aber, alles nach dem letzten Wiener = Geschmack.

Marchand de Mode. Wie, was? — ich sollte Affen anputzen?

Lorenz. Hat sie in ihrem Leben nicht schon mehrere geputzt, ich wette gleich, daß mancher Mahler schon was Ärgeres gemahlen habe, als die afrikanischen Landsleute; kurz, sie wird dafür bezahlt, und also nur die liebe Jugend geputzt.

Marchand de Mode. Aber bedenken sie, so viel Geld sie hinaus werfen.

Lorenz. Darüber sich zu kümmern, ist nur meine Sorge. Sie soll froh seyn, kurz die Affen müssen Stück vor Stück wie ein Frauenzimmer aussehen.

Marchand de Mode. Wie ein Frauenzimmer?
Lorenz. Akkurat?
Marchand de Mode. Und alle drey gleich?
Lorenz. Vom Kopf bis zum Fuß!
Marchand de Mode. Närrischer Mann, aber was soll denn das geben?
Lorenz. Narrheit, und für Sie etwas zu verdienen, jetzt keine Minute versäumt, da hat sie die Handlanger, und da drinnen Zimmer zum anziehen, bis ich nicht wieder komme, darf niemand seine Stelle verlassen, jetzt leb sie wohl.
Alle (lachen.)
Lorenz (im Abgeben.) Gieb sie mir auf die rauche Familie acht, ich sag's der Frau; denn sie sind zu Favoritinnen vor lauter galante Herren bestimmt (alle ab.)

Zwölfter Auftritt.

Scene, ein großer schöner Saal, im Hintergrund sieht man eine herrliche Tafel gedecket, vorne rechts steht ein kleiner Sopha, worauf der Türke sitzt, die Tobackspfeife im Mund, und schläft — nebenbey sitzen die vier Weiber und spielen; Fritz von Wendelburg spricht mit Aßkerle, der aber wenig auf denselben achtet, sondern meistens mit Frau von Blank spricht, die an einem Seitentischchen sitzt, der Schulmeister rangirt die Tafel, und Links steht vorne und spricht mit Frau von Fischhaut, Baron Wendelburg mischt sich bald da, bald dort ins Gespräche.

Fr. v. Fischhaut. Laßt's euch das nicht wundern, nach der mindesten Bewegung schläft er gleich ein.

Fr. Salmbach. Da hast du wahrhaftig einen glücklichen Fang gemacht.

Fr. Storbach. Unsere barmherzigen Stutzer muß man sechs Mahl in die Presse legen, bis man nur ein Halstüchel heraus preßt, und dem darfst nur halb anschauen, so setzt's Brillianten, Stof und Dukaten.

Fr. v. Fischhaut. Ich laß mir's auch recht angelegen seyn.

Fr. Wildheim. Was hat er sonst für Launen?

Fr. v. Fischhaut. Wie ein Kind, was er mir nur an Augen ansehen kann, erhalte ich gleich von ihm, und will er nicht gleich verstehen, so darf ich nur eine einzige Thräne fallen lassen, so ist ihm nichts mehr zu theuer.

Fr. Storbach. Wie kommt's aber, daß er heute Morgens so rappelköpfisch war, oder vielmehr wie kommt's, daß du dich darüber aufhieltest, als er der Bauerstochter den Ring gab?

Fr. v. Fischhaut. Er hat zwar öfters solche Grillen! bey mir zu Haus hat er manchmal so seinen Spaß mit meinem Stubenmädel, aber da seh ich durch die Finger; aber die frische Bauerndirne könnte einen doch den Spaß verderben, ich hab viele Mühe gehabt, bis ich ihn wieder zurecht gebracht habe. (Frau v. Fischhaut zu Links.) Glauben sie also, daß ich gewinnen könnte?

Links. Um und um, meine Fr. v. Fischhaut glaub ich, daß sie recht haben müssen.

Fr. v. Fischhaut. Ich werde ihnen ehestens die Akten behändigen.

Links. Und meine ganze Rechtschaffenheit steh' Ihnen zu Geboth.

Fritz (zu Askerle.) Ich sag dirs Askerle, der Türk unterschreibt, er muß unterschreiben.

Askerle. Wir wollen davon noch sprechen, Sie sehen Baron ich bin entrainirt.

Fritz (geht brummend weg.)

Askerle. Ja Madam, ich bin alles buchstäblich zu erfüllen bereit, mein Haus in der Stadt, meine Gärten, mein Landgut, was Sie nur wünschen, steht Ihnen zu beziehen bereit! verlassen Sie mit ihrer Tochter diesen einsamen Ort.

Fr. v. Blank. Wirklich mein Herr Baron, der Ton des Ernstes ist mir um so befremdender, da Sie doch wissen, daß mein Sohn mit ihr verheirathet ist.

Askerle. O über diese Kleinigkeit sind sie ganz ruhig, man bemerkt so etwas in der Stadt nicht einmahl, ich will diesen jungen Mann, an dessen Geschicklichkeit nicht zu zweifeln ist, sogleich wo unterbringen, ja ich mache ihn selbst zum Buchhalter in meinem Comtoir.

F. v. Blank (aufstehend.) Mein Herr, ich verstehe Sie, ich bitte Sie auch mein Schweigen verstehen zu wollen!

Askerle (betroffen.) Weder mit der Alten, noch mit dem Dummkopf von einem Manne ist etwas zu handeln, gut, wollen doch sehen, ob das Schätzchen nicht von ihr selbst zu kaufen wäre! (er mischt sich unter die Übrigen.)

Hemet (im Schlaf.) Alla Mahomet! ich dir geben, was du verlangen schöner Kind.

Die Weiber. Er träumt.

Fr. v. Fischhaut (rüttelt ihn.) Hemet! Hemet!

Hemet (erwachend.) Bis sie du grob Madame! warum mir nit laß schlaf, warum nit laß träum?

Die Weiber. Wovon träumten Sie denn?

Hemet. Ach Allah! ich sah der hübschen Tochter, ich sehe überall, aber ich will auch nicht mehr nachlassen, bis sie aben.

Fr. v. Fischhaut. Wie, was? entsetzlich! —

Die Übrigen (lachen.)

Hemet. Wo ist sie der Augenapfel meines Herzens, wo ist Vater? wo Engel?

Fr. v. Fischhaut. Ich werde rasend.

Schulmeister. (im Hintergrund, da er mit den Tafeldecken fertig ist.) Um und um ist alles rangirt! blast zur Tafel (die Trompeter blasen.)

Dreyzehnter Auftritt.

Von einer Seite Fürst mit Graf Blumenthal, Vorige.

Fürst (dessen Anstand bey seinem Eintritt alle stutzen macht.) Meine Herren und Damen, ich bin ihr Diener, (alles verneigt sich, und man schweigt ein Paar Sekunden lang.)

Die Weiber. Welch' einen Anstand dieser junge Mann besitzt!

Uskerle. Ha! ein gefährlicher Schütze!

Fritz. Weh uns allen, wenn der bey die Weiber mit uns loset!

Fr. v. Fischhaut. Wenn der Türke lange noch den Grobian spielt, so werf ich meine Angel nach diesen schönen Mann!

Fürst (zum Grafen) Sie ist nicht da.

Graf. Bald muß alles hier seyn, ich will mich indessen verlieren.

Fürst. Nein Blumenthal, ein für allemahl, bloß wie der Zufall mein Loos wirft, keine List, so sehr ich auch ihre gemachten Anstalten bewundern muß, so verbitte ich's doch schlechterdings!

Graf. Wie Sie befehlen, (bey Seite) verbiethen heißt hier so viel als befehlen, ich verstehe dich, es soll das Ansehen haben, als ob dich damit der Zufall überraschte, auch gut! — wollen das schon einleiten.

Vierzehnter Auftritt.

Lorenz. Sandel. Ferdinand mit Röschen. Romberg mit Friederike.

Lorenz. Meine Hr. Vettern und Fr. Mahmen, zum Essen ist geblasen, sind lauter gute Freunde beysammen, ich bitt mit der Hausnudel vorlieb zu nehmen.

Fürst. Ha! da ist sie, wie die Sonne unter den Sternen, kaum hält sich mein Herz.

Askerte. Eine Venus unter den Nymphen, sie muß mein werden.

Hemet. Alla! eine Tochter des Propheten, hör sie du Vetter Lorenz. Deine Tochter mich verbrenn zu Narren! Du Engel meinen Erzen, ich dich beschwör und liebe, bin sie bravi Mann, ehrlich, gut, aufrichtig gute Vater, wie theuer deine Tochter?

Lorenz (lachend.) Fängt der Herr schon wieder an, meine Tochter ist ja kein Spannferkel, und ich habs den Herrn schon einmahl gesagt, sie ist verheirathet, da steht ihr Mann!

Hemet (zu Ferdinand.) Du Mann, ihr Mann, o caro sposo, ich dir bezahl, was du verlangen, mir cedir dein Weib!

Alle (lachend.)

Fr. v. Fischhaut. Wie, was Ehrvergessener, Niederträchtiger, das in meiner Gegenwart?

Hemet. Warum ehrvergessen, warum niederträchtig, warum nicht in deiner Gegenwart? bin ich nit Mann, kaufen so viel Weiber als wir belieben! — Warum das nit ehrlich? was du dawider einzuwenden, kaufen öffentlich, kaufen ehrlich, fragen Mann, was begehr, sagen so viel, geben so viel, Weib mein, wer was dawider einzuwenden.

Fr. v. Fischhaut. Ist das deine Freundschaft, Treuloser?

Hemet. Warum nicht Freundschaft! lieben dich, lieben die — Lieben A, lieben B, lieben C.

Lorenz. Nu ja zuletzt liebt der Herr das ganze Alphabet.

Hemet. Und wann das, was schadet? — also

guter lieber Mann, sagen was verlangen, nur reden, nur wünschen, nicks zu theuer, nicks zu viel. —

Ferdinand. Mein Freund, wir sind nicht in der Türkey, hier bleibt das Weib ewig des Mannes Eigenthum.

Hemet (betroffen.) Ewig — ich habe sogar hören in der Stadt thun sie Weib manchmahl verkauf —

Lorenz. Schau der Herr, da habens Herrn halt auch angelogen, ich bin z'Wien selbst gewesen, aber das ist nicht wahr, alles was geschehen kann, ist etwa das Ausleihen zum Krankenwarten, oder, wenns hoch kommt, zum Versetzen an einen gar guten Freund, aber von Verkaufen ist alles erlogen.

Hemet. Also nichts kaufe, o armer Hemet! was da zu macken?

Fürst (naht sich Röschen auf der einen Seite.) Röschen sehen Sie, wie man um Sie ringt.

Askerle (auf der andern Seite.) Schenken Sie mir einen Augenblick allein!

Friederike (bey Seite). Armes Röschen! man licitirt beynahe um dich.

Hemet. Schöne Röschen! —

Fr. v. Fischhaut. Hemet!

Hemet. Ich dich nicht mehr mag.

Fr. v. Fischhaut. Wie, was? mich so prostituiren, da treuloser Bocksbart, lerne Weiber besser ehren (gibt ihm eine Ohrfeige.)

Hemet. Re weck: Teufel, Bestie! Weib!

(alles geräth in Aufruhr, Trompeter blasen, Hemet zieht sein Messer, man entwaffnet ihn. — Der Fürst drängt sich zu Röschen, und gibt ihr einen kleinen Zettel in die Hand. — Lorenz ruft.) Kommt der Frau Mahm zu Hülfe, sie fängt sonst den Türken solo. (Trompeten, Auflauf und Lärmen.)

Ende des zweyten Acts.

Dritter Aufzug.

(Scene. Ein abgelegenes Zimmer im Schloß.)

Erster Auftritt.

Baron Wendelburg. Ein Commissär.

Baron.

An mich ist dieser Brief!

Commissär. Ja, Herr Baron, vom Grafen Wernhall, mir selbst für Sie behändiget, mit der mündlichen Bitte, ja mir alle nöthige Weisung in dieser Sache zu geben.

Baron (liest.) „Lieber Baron, wenn ich je auf Ihre Freundschaft zu rechnen berechtiget war, so lassen Sie mich$ in diesem Augenblick der so nahen Gefahr ganz erkennen, dem fleissigsten Steckbriefe zu Folge, ist die Anzeige eingegangen daß sich mein Bruder nebst einigem andern verdächtigen Gesinde, sehr nahe in der Gegend wo Sie sich befinden, vielleicht gar an dem Orte selbst anfhalte. Überbringer ist der Polizey-Commissär, mit aller möglichen autorisirten Ausfertigung ver-

sehen, was Sie ihm daher als verdächtig ange=
ben können, hat er den strengsten Befehl, wo
immer alsogleich aufzuheben, ich beschwöre Sie,
gehen Sie dem Manne an die Hand, thun Sie in
diesem Falle eher zu viel, als zu wenig.

       Graf von Wernhall.

Baron. Ein sehr gnädiges Zutrauen des Gra=
fens, ich will mich dessen werth beweisen, Herr
Commissär, zwar wüßte ich bisher noch Nieman=
den, auf den dieser Verdacht fallen könne, außer
ein Paar fremden Gästen, die an der Tafel heut
waren, und die Niemand errathen konnte.

Commissär. Belieben Sie mir dieselben nur
anzuzeigen, und ich lasse sie einstweilen in den
Thurm werfen, denn die Aufträge des Grafens
sind die ernstlichsten von der Welt, auch habe
ich Beschreibung eines Bettlers, der schon seit
diesen Morgen hier im Schlosse verborgen seyn
soll. —

Baron. Eines Bettlers! ha, ha! holla da
liegt Verdacht! wie wollen Sie das aber aus=
kundschaften, ohne selbst Verdacht zu erwecken?

Commissär. Ich habe schon ziemliche Finger=
zeige daß ihn der Herr des Schlosses in einen ge=
heimen Zimmer verwahre! mit Hauptschlüsseln bin
ich versehen, und das Zimmer zu finden wird
nicht zu schwer seyn, wollen Sie mich nur einst=
weilen begleiten, bis die Freude des Hauses die
Wege hier sicherer macht.

Baron. O von Herzen gern, ich will selbst
alles mit durchstänkern, vielleicht finden wir mehr

als wir glauben, o auch mich hat diese Familie schändlich beleidiget, und der Tag der Rache soll mir ein Labsal werden, kommen Sie Herr Commissär, damit uns hier ja Niemand bemerket. (ab.)

Zweyter Auftritt.

Lorenz. Röschen.

Lorenz. Ein Geheimniß ists also, was du mir zu sagen hast?

Röschen. Ja Vater, und das so ein ernsthaftes, wichtiges, daß ich euern ganzen Rath dabey brauche.

Lorenz. Laß hören, ich habs gern, wenn die Kinder Zutrauen zum Ältern haben, ich will dir meine Meinung nach meinen besten Gewissen sagen.

Röschen. Der fremde Gast, von dem ich weder Nahmen noch sonst etwas erfahren konnte, schleicht mir schon seit heute früh überall nach, ich wich ihm aus, so gut es seyn konnte, aber endlich ersieht er seinen Vortheil, wie der Auflauf wegen der Ohrfeige war, und steckt mir dieß Zettel in die Hand! nach dem Essen sah ichs an und erschrick was ich lese!

Lorenz. Nu, und was hast gelesen!

Röschen (liest ihm vor.) „Liebes Röschen. Ich will, kann, und werde Sie glücklich machen, ich bitte Sie um eine geheime Zusammenkunft, wo ich Ihnen entdecken will, wer der Mann sey, der sich unglücklich genug fühlt, Sie gesehen zu haben, nur lassen Sie alles so geheimnißvoll veranstalten als möglich, den Sie werden selbst die Wichtigkeit des Geheimnisses durch meine Entdeckungen kennen lernen."

Lorenz. Nu, und was denkst du?

Röschen. Diesen Zettel so schleunig als möglich zu verbrennen.

Lorenz. Und sein Begehren?

Röschen. Ja nicht erfüllen, wenn ihr anders glauben wollt, daß ihr eine ehrliche Tochter habt.

Lorenz. Schau Weib, in der Welt geht alles kuriös zu, was ich dir ein jedes andermahl bey Halsumdrehen verbothen hätte, das will ich dir jetzt sogar befehlen.

Röschen. Befehlen?

Lorenz. Befehlen, weil du durch diesen einzigen Schritt eine ganze Familie glücklich machen kannst.

Röschen. Ich?

Lorenz. Ja, sieh dich nur im Spiegel, und du wirst es selbst glauben.

Röschen. Und meine Ehre?

Lorenz. Liegt in deinem Herzen aufgehoben.

Röschen. Und das Glück dieser Unglücklichen.

Lorenz. Wird durch eurer beyderseitigen Contracte ausgemacht.

Röschen. Und ich soll eingehen.

Lorenz. Was du zu halten glaubst, was du gern für einen unglücklichen Mann und Vater und Mutter halten willst.

Röschen. O mir ahnet etwas, der Verwegne wäre wohl gar ein Mächtiger am Hofe des Fürsten, dessen Vorwort auf Ferdinands Schicksal Einfluß haben könnte.

Lorenz. Wohl sein Schicksal mit zwey Worten gar entscheiden, und die verdrehte Gerechtigkeit wieder ins Geleis bringen könnte!

Röschen. Dieser Mann wäre also!

Lorenz. Nichts mehr und nichts weniger, als der Fürst selbst.

Röschen. Der Fürst? — hier?

Lorenz. Warum nicht, seine Durchlaucht jagen öfters incognito, seine Augen spürten Wild aus, er glaubt sogar sicher unerkannt zu seyn, ich ließ mir daher nichts merken, und entdeckte dirs bey den schärfsten Befehlen des Vaters, gegen Niemand, es sey Mann, Bruder, Mutter, selbst gegen den Fürsten es nicht merken zu lassen.

Röschen (ernsthaft.) Ich versteh euch, also soll die Lüsternheit des Fürsten uns zur Gerechtigkeit helfen.

Lorenz. Wenigstens sind wir durch diese Fürsprache am sichersten, Gerechtigkeit zu erhalten, hier hast du das Urtheil des verlornen Prozesses, hier die neuen Bitten um eure Einsetzung wieder, und will er selbst dem Fürwort deiner Schönheit nicht Gehör geben, so öffne diese Thüre (er deutet auf eine Seite) und der Greis, den du darin findest, heißt Wernhall, ist dein Schwiegervater, und wenn ihn der Anblick dieses erhabenen Bettlers nicht rührt, so mag er sein fürstliches Herz in seine Raritätenkammer, als den merkwürdigsten Stein aufheben lassen. Menschliche Stimme wird kein Loch hinein schreyen!

Röschen. Wernhall, der Vater meines Ferdinands als Bettler hier! um Gottes Willen! wo ist er, laßt mich ihn sehen.

Lorenz. Mach ihn zum reichen Mann, und sieh dich satt an ihm, er braucht weder Thränen, noch Trost! Hülfe — und diese, Tochter, liegt in deinen Augen.

Röschen. Um Gottes Willen Vater, laßt mich diesen Unglücklichen sehen.

Lorenz (ernsthaft.) Nicht eher bis du ihm sagen kannst: ihr seyd frey, oder es ist aufgepackt!

Röschen. Oder es ist aufgepackt!

Lorenz. Kurzsichtige, denkst du wohl, daß ich Lust hätte in einem Lande zu bleiben, wo es Fürsten gibt, die keine Thränen haben, wir ziehen weiter, und für diesem Fall halte deine Zunge in der Klemme, und wundere dich nicht, wenn ich so manche wichtige Anstalten noch in Geheim treffe, Röschen, Röschen! laß sehen, ob das Bauernherz werth ist, den Vorzug vor der städtischen Vernünftelcy zu verdienen, meinen Seegen geb ich dir zu deiner Arbeit, und wenn alles gut vorüber ist, einen Kuß zum Lohn. Jetzt Gott befohlen. (ab.)

Dritter Auftritt.

Röschen allein.

Zu nennen weiß ich's nicht, was in mir vorgeht, Ferdinands Vater hier. Der Fürst da. — Das Schicksal dieses so Unglücklichen an die Leidenschaften dieses Mächtigen verwebt, und ich, ich der Schlüssel zu diesem Räthselspiel der Vorsicht (sich fassend.) Weibliche Reize haben so viel Unheil gestiftet, hab ich für ihn welche, so sollen sie, so müssen sie hier das erste Gute stiften! Ha! da kommt er, und mein Herz schlägt, nein nein! ich bin zur Buhlerinn verdorben, weil mich meine Waffen so mißtrauisch lassen.

Vierter Auftritt.

Röschen. Fürst.

Fürst. Sie erhören meinen Wunsch, schönes Röschen.

Röschen. Ihr Brief scheint mich manches erwarten zu lassen! weibliche Neugierde, Sie wissen ja wohl mein Herr! —

Fürst. Und nur der weiblichen Neugierde unbedeutendste, und nur der Aufwallungen gleichgültigste hätte ich es zu verdanken, Sie hier zu sehen! —

Röschen. Sie nennen das Studium der Männer unbedeutend, gleichgültig.

Fü-t. Das Studium der Männer sagen Sie? o holdes liebes Geschöpf dieses Studium, an mir geübt soll nicht eine ihrer mittelmäßigsten Künste übertreffen, gerade, offen, und bieder, messen Sie mich mit diesem Maßstabe, warm und rasch empfinden, die Grundlagen worauf sich das Vergehen gründet, das ich begehe, indem ich es wage, Sie zu lieben.

Röschen. Mich zu lieben! mich, die durch die Bande der Ehe —

Fürst. Schrecklich diese Bande, wenn sie sogar das Herz fesseln!

Röschen. Und wenn ich auch nur meine unglückliche Familie, die ihren Trost in mir suchet, diese in mir lassen wollte.

Fürst. Nur Trost sagen sie, nur um dieses Trostes wegen sich lassen müssen. Röschen, Röschen, ich beschwöre Sie, wenn nur diese kleinen Pflichten, in der Kluft liegen, die ich zwischen mir und Ihnen zu meiner Ruhe zu überschreiten hätte — o so lassen Sie mich eilen, uns glücklich zu fühlen, ich will sie ausfüllen diese Kluft, ich will statt Trost, Hülfe geben, statt hoffen lassen, glücklich machen, und Röschen lächle mir den Lohn der Liebe zu. —

Röschen. Groß ist der Sinn dieser Worte an Schall.

Fürst (faßt sie an der Hand, und sagt bedeutend.) Winken Sie und gewärtigen Sie ohne Zauberey über so mancherley Unerwartetes an Erfüllung.

Röschen. Die Rettung meiner Familie!

Fürst (betroffen.) Rettung ihrer Familie, ihrer sagen sie, o nennen sie das Unglück aus, und damit auch das Ende ihrer Leiden.

Röschen. Sehr hoch mein Herr! ich verehre Ihre Protection, obschon ich den Umfang ihrer Kräfte nicht ganz kenne, obschon ich beynahe glaubte, daß meine Begehrlichkeit nur mit der unbegrenzten Fürstenmacht im Verhältnisse steht.

Fürst (freudig.) Nur mit der unbegrenzten Fürstenmacht sagen sie, o wenn es nur diese Macht nicht übersteiget, so wird es nur auf sie ankommen, den Fürsten ihre Wünsche vernehmen zu machen, um sie dem Liebhaber erfüllen zu lassen.

Röschen. Sie setzen Fürst und Liebhaber in eine Person?

Fürst. Und leihen sie ihm noch den Mantel gefühlvoller Menschheit dazu — und fragen sie dann ihr Herz, ob der Mann, der ihren Blicken begegnet, nicht auf ihr Herz hoffen darf.

Röschen (betroffen scheinend.) Wie, Euer Durchlaucht.

Fürst. Fodern sie, was ich für sie thun soll, und finden sie in jeder Gewährung den Beweis meiner Liebe.

Röschen (will sich ihm zu Füßen werfen.) O so erlauben Sie mir in dieser Stellung, Gerechtigkeit für den Nahmen Wernhall zu erflehen.

Fürst (tritt zurück.) Gerechtigkeit! für den Nahmen Wernhall? — Gerechtigkeit ließ ich mit meinen Willen noch nie einem Menschen an meinem Throne erbetteln, wehe denen Fürsten, die mit dem als Geschenke prahlen, was zu geben nur karge Pflicht ist, wenn sie nur Gerechtigkeit für den Grafen zu erflehen haben, so hat der Eifer des Liebhabers nur eine geringe Probe, ich wünsche sogar, daß Gerechtigkeit dieser mir einst so werthe Graf suchen möchte. — Die Feinde, die dieser Graf an meinem Hofe hat, sind mir so bedenklich, daß ich schon um derentwillen für seine Unschuld vieles zu hoffen anfange, wissen sie den Grafen? doch es fällt mir ja eben bey, sie sind ja seine Schwiegertochter! ha, welche Entdeckung! wo ist der Graf? wo ist Wernhall?

Röschen (eiligst nach der Seitenthür springend und den Alten heraus ziehend, ohne zu achten, wie er sich sträubt) Hier ist der Mann, dem die Gunst des Fürsten nichts übrig ließ, als diese Lumpen!

Fünfter Auftritt.

Vorige. Graf Wernhall.

Fürst (zurück bebend.) Dieß Wernhall? — und in diesem Zustande? durch welche Grausamkeit?

Wernhall (gesetzt, mit Würde und etwas strengem Ernst.) Durch Fürsten Winke! —

Fürst. Entsetzlich!

Wernhall. O ich wußte das zum voraus, daß es nur ihres Blickes bedurfte, um meine Gründe zu hören.

Fürst. Wernhall! Dir wären Sie ja versagt gewesen, und so mag die ewige Gerechtigkeit nichts mehr von mir wissen, ich vernahm Dein Verschwinden vom Hofe als die verdächtigste Bejahung über deine Anklage, wohin du gekommen, was aus Dir geworden, Wernhall, das wäre mir ohne diesen Zufall noch bis zur Stunde ein unauflösbares Räthsel.

Wernhall. Und Ihr Verhaft, Befehl.

Fürst. Verhaft, Befehl?

Röschen. Und die Abschaffung der ganzen Familie aus der Stadt?

Fürst. Die Abschaffung der ganzen Familie, der ganzen Familie? — ha teuflisches Gewebe der Schurkerey, Gott sey's gedankt, es ist zerrissen, o ihr armen Menschen, die ihr oft mit Recht unter den Klauen der mächtigen Boßheit dem Unschuldigen statt den Schuldigen fluchet — bedauert die armen Fürsten, die leider nur zu oft die Würfel dieser schlauen Bösewichter werden müssen, doch bey dem ewigen Gott! mit mir sollen solche Teufel keinen Wurf mehr wagen, ja ehrlicher Bauer hast recht, daß dir es der Fürst danken soll, daß du ihm die Augen geöffnet, doch nicht nur der Fürst selbst, die Menschheit soll Dir danken. Wernhall, war ich ungerecht gegen Dich, so verzeih der Beschränkung, die mich als Mensch dabey trifft, ich kann das Geschehene nicht ungeschehen machen, kann die Zeit des Grams nicht aus deinen Wangen streifen, die Thränen deines Weibes, den Kummer deiner Kinder nicht aus deinen Herzen ätzen, aber ich kann die Welt durch mein Bekenntniß und durch dein neues Glück überzeugen, daß gute Fürsten sich in keinem Fall schämen zu bekennen, daß sie Menschen sind — komm in dieser Bettlerkleidung, mir so willkommen, als mit Stern und Ordensbande, komm an meine Brust, und zähle Du des Herzens Schläge, des Fürsten Reue, dich gekränkt, des Menschen Freude, dich wieder gefunden zu haben.

Wernhall (der ihm umarmt, und die Hand küßt, weinend.) Gnädigster Fürst, Bild jenes unendlichen, allgütigen Wesens, o dessen Herz stets der Tugend, und jedem schönen Menschen-Gefühle geweiht war, laß mich mit diesen Thränen deine Hand benetzen, laß die Fülle der Freude meine Worte ersticken! vom unabsehbaren Abgrund, bringst Du mich auf den Gipfel des Glücks — o möge dieser Gedanke, möge dieses Glück der Fürsten-Macht, jedes fühllose Herz, für das Bild eines guten Fürsten erwärmen. (er küßt ihm vielfältig die Hände.)

Fürst. Und nun lieber Wernhall, Gläubiger, den ich Gerechtigkeit so lange schuldig blieb, erlaub mir, daß ich dich für deine Familie noch eine kleine Viertelstunde vorenthalte, ich habe Ursachen. —

Wernhall. Für meine Familie, ich soll sie so bald finden, wohl gar hier finden!

Fürst. Träumer! Du bist in ihren Armen, dieses liebevolle Mädchen ist deine Schwieger=

tochter, deines Sohnes Weib, dieser Bauer, der Dir Aufenthalt gab, und den ich eigentlich alles danke, dieses schönen Weibes Vater.

Röschen (weinend ihm die Hand küssend.) Und nun auch Ihr der Meinige, ihr werdet euern Sohn doch verzeihen?

Wernhall. Verzeihen, daß er mich glücklich gemacht habe? o Gott so viele Seligkeit! und meine Amalie? —

Röschen. Ich will sie sogleich rufen!

Fürst. Nein Röschen, nicht einen Schritt — vielmehr beding ich mir das bey euren Ehrenworte, daß ihr bis zu meiner Wiederkunft, mein ganzes Hierseyn als das strengste Geheimniß verschweiget, ich habe noch etwas zu befördern, und das Geräusch, das heute hier herrscht, ist nicht für diese Gattung Freude geschaffen, also liebes Röschen, willst du wohl so gefällig seyn, deinem Schwiegervater, meinem Freund, Gesellschaft zu leisten, bis ich wieder komme.

Röschen. Nicht nur als Gehorsam gegen Ihre Befehle mein Fürst, als Wunsch meines Herzens dürfen Sie auf diese Erfüllung rechnen, lieber Vater, gebt mir eure Hand! und Sie gnädiger Fürst (bedeutend ihn ansehend.)

Fürst. Pfui, strafe mich nicht mit diesem Blick, die Gewährung deiner Bitte bleibt ohne Tausch, der Liebhaber ist verlöscht, und der Fürst — will wenigstens stets gerecht handeln; jetzt liebe Kinder verbergt euch bald, bald sehen wir uns wieder.

Beyde (ihm die Hand küssend.) Gnädigster Herr!

Fürst. Euer Freund, (er begleitet sie bis zur Thüre.)

Sechster Auftritt.

Fürst (allein.)

Dieser Auftritt macht meinem Herzen Erhohlung nöthig, allgütiger Gott! vergib du mir die Leiden dieser Familie, laß mich sie vergüten, und laß die Stimme, so manches verwahrloßten Unglücklichen zu meinem Ohr dringen, der leiseste Schall jage den mitternächtlichen Schlummer von meinem Kissen, und du lasse mir keinen andern Lohn, als das Bewußtseyn immer geholfen zu haben — (ab.)

Siebenter Auftritt.

Offener Platz vor dem Schlosse, im Hintergrunde hört man Musik, und sieht allerhand lustige Auftritte.)

Schulmeister. Lorenz.

Lorenz. Recht so, Herr Schulmeister, die Kerls sollen Augen machen.

Schulmeister. Um und um hab ich alles so eingeleitet, daß es des Teufel Spaß geben soll, um und um hat mir der eine von die zwey Oberjäger hundert Dukaten, der Jud Askerle gar was Besonders, — und der Türk Hemet ein Stück reichen Stoff versprochen.

Lorenz. Und er hat's doch jedem zugesagt.

Schulmeister. Um und um hab ich einen nach dem andern bestellt, die Gäste sind bey der Musik, und ich hab das multiplizirte junge Weibchen schon in Bereitschaft.

Lorenz. Und bringt auch alle in das Seitencabinett des grossen Saales, laß er es der übrigen Gesellschaft an nichts fehlen.

Schulmeister. Um und um soll nichts abgehen, verlaß sich der Herr Lorenz nur auf mich.

Lorenz. Ich hab einen kleinen Gang zum Verwalter da neben an, sollte etwas besonders vorfallen, so ruf er mich. (ab.)

Achter Auftritt.

Schulmeister (allein.)

Ha, ha, ha! nu wenn die Herren so wacker bezahlen, als sie es versprochen haben, so werde ich mit einmahl ein reicher Mann, ha da kommt schon eine Kundschaft.

Neunter Auftritt.

Schulmeister. Blumenthal.

Blumenthal (für sich.) Ich weiß, was eine Überraschung bey ihm für eine einträgliche Speculation gibt, da sieht man doch daß Koketterie in der weiblichen Natur schon enthalten sey, denn sogar auf dem Lande verstehen sie die Kunst! —

Madam Röschen sprühte Feuer und Funken bey dem mindesten Antrag, nun aber die Sache so eingeleitet ist, als ob sie gewaltsam entführet würde, so bleibt die Schuld auf den Unterhändler, und an dem Erfolg ist kein Zweifel.

Schulmeister. Um und um Herr Oberjäger, ich habe da schon aufgepaßt auf den ersten Wink von Ihnen.

Blumenthal. Ist schon alles parat?

Schulmeister. Wie gesagt, um und um, sie dürfen nur niesen, und das Weibchen erscheint, eingepackt in einen Sessel, dem sie nur folgen dürfen. —

Blumenthal. Ist das möglich, ist das wahr? lieber Alter, so mach er nur hurtig, hier hat er für seine Bemühung. (gibt ihm Geld.)

Schulmeister. Um und um sag ich unterthänigen Dank. (er winkt, es erscheinen 2 Sesselträger aus dem Gebüsch, in welchen man eine weibliche Figur mit einer Chlosch Hauben sitzen sieht, der Schulmeister sagt zu den Sesselträgern) Ihr wißt wohin, — Herr Oberjäger gehen sie nur dem Sessel nach.

Blumenthal (im Abgehen.) Es ist billig, daß ich bey dem schönen Röschen die Präliminaria verabrede, und dann de tractatis dem Fürsten Nachricht gebe. (geht dem Sessel nach.)

Zehnter Auftritt.

Askerle, bald darauf Schulmeister.

Askerle. Trefflich ausgedacht, wahrhaftig, es war mir nicht vermuthend auf dem Lande das Zubringer-Handwerk so raffinirt zu finden.

Schulmeister (bey Seite.) Um und um, da ist der versilberte Hebräer.

Askerle. Ist das nicht —

Schulmeister. Bin schon der Rechte.

Askerle. Hat er alles besorgt?

Schulmeister. Euer Gnaden belieben nur zu winken, um und um steht alles bereit.

Askerle. Ich brenne vor Ungeduld, und das Weibchen nahm keinen Anstand.

Schulmeister. Nicht im geringsten, um und um lassen sich unsre Weiber locken wie die Stadtmäuse. (er winkt wie oben) Gehen Sie nur dem Sessel nach. —

Askerl (gibt ihm etwas.) Hier mein Freund für seine Bemühung! (geht ab.)

Schulmeister. Jetzt noch der letzte Narr.

Eilfter Auftritt.

Voriger. Ein Mohr.

Hemet. O mir schlacken mein Erz, Schulmeister ist sie brave Mann, mir verdammte feine Rath gebe, da seyn der Ort, aber Schulmeister mit Weiberl noch nicht finden.

Schulmeister Ich bin schon da, türkischer Herr, um und um hat man ja in allen Ecken zu thun, aber es ist schon alles in Bereitschaft.

Hemet. Bravo caro, bravo, macke nur, daß Weiberl bald kommen.

Schulmeister. Um und um, kann gleich da seyn. (Wie oben.)

Hemet (gibt ihm einen Ring.) Das tracke zu Andenken von mir für die gute Abend. (Geht dem Sessel nach.)

Schulmeister. Guten Appetit zur Promenade, ha, ha, ha! um und um gibts da Narren! und das lauter respectable; denn sie sind alle aus der Stadt. (ab.)

Zwölfter Auftritt.

Zimmer im Schloß.

Wernhall. Röschen.

Röschen. O lieber theurer Vater, überdenket das Glück eurer Familie —

Wernhall. Ich fühle es, und danke es Gott und meinem Fürsten, wo er aber nur so lange bleibt.

Röschen. Auch für meine Wünsche zu lang — allein es ist sein Befehl — laßt ihn uns befolgen, ohne zu forschen; horch, ich höre kommen, hurtig ins Zimmer.

Dreyzehnter Auftritt.

Baron Wendelburg. Zwey verkleidete Wächter.

Wendelburg. Hier muß sich das Zimmer finden.
Commissär. Der Beschreibung nach, dieses hier! (er geht darnach — klopft an, Röschen kommt.)
Röschen. Was beliebt?
Commissär. Sie müssen erlauben, liebe Frau, daß ich eintrete — es geschieht auf den Befehl des Fürsten. —
Röschen. Des Fürsten? — sie suchen?
Commissär. Den Grafen von Wernhall. —
Wernhall (der seinen Nahmen gehört, tritt unter die Thür.) Was befiehlt seine Durchlaucht?
Commissär. Mir zu folgen.
Röschen. Großer Gott!
Wernhall. Ewige Vorsicht.
Commissär. Sie sehen hier meine Instruction. (er zeigt gesiegelte Patente.)
Röschen. O Ungeheuer!
Wernhall. Vergiß dich nicht, meine Tochter! es ist Befehl des Fürsten.
Röschen. Ich will ihn, ich muß ihn suchen.
Commissär. Auch Sie folgen mir!
Röschen. Ich, ist das auch sein Befehl?
Commissär. Buchstäblich.
Röschen. Und der Herr Baron Wendelburg?

Wendelburg. Ist Zeuge von der Sanftmuth im Unglück Täubchen, Hochmuth kommt vor dem Fall, gu'en Appetit sammt dem Schwiegerpapa.

Wernhall. Schonen Sie meine Tochter, mich rührt ihr Spott nicht, komm Röschen, siehst du, daß meine Furchtsamkeit Ahndung war.

Röschen. Ja wer den Großen trauen mag, doch seyd ruhig, ich folge euch, ich will euch pflegen und warten, mein Mann wird für seine Mutter sorgen, ich folge euch.

Commissär (zur Wache.) Über die kleine Treppe, ihr wißt wohin. Sie Herr Baron führen mich weiter. (die Wache führt Wernhall und Röschen ab, und Wendelburg führt den Commissär durch die Nebenthür.)

Vierzehnter Auftritt.

Romberg. Ferdinand.

Romberg (den Ferdinand haltend.) Ich bitte dich Bruder, mäßige dich.

Ferdinand. Mäßigen, Teufel und Hölle mäßigen, und sie nirgends zu finden, das Gefister, das Laufen, das Poltern im Hause, und nirgends Rede finden, bist du mein Freund, und weißt du Geheimniß, so sag's heraus; heile mich, oder hilf mir.

Romberg. Nur nicht so hitzig Ferdinand.

Ferdinand. Nicht hitzig, von allen Gecken wird sie verfolgt, man spricht von einem fürstlichen

Kuppler, Romberg es ist mein Weib, ich liebe sie, weißt du, was das heißt? Gib dann noch dazu, ich bin ein Bauer im Gewand, in meinem Herzen schlägt edles Blut, das brennt für Ehre, einen Hofschranzen ist nichts zu heilig, um sich einen gnädigen Blick zu erschleichen. Diese Leute kennen kein Heiligthum, denn die Geseze sind ihre Würfel!

Romberg. Du rasest!

Ferdinand. O laß mich rasen und sie finden, und in ihren Blick mich kühlen oder rächen, ha! (er will nach der Thür, wo der Vater war, Romberg vertritt sie ihm.)

Romberg. Hier haftet mein Wort.

Ferdinand. Als Siegel meiner Schande.

Romberg. Es ist ein Gefangener, der mir angehört bis zum nähern Aufschluß.

Ferdinand. Lerne besser Zubringen, wenn du damit dein Brot verdienen willst, hier gilt Mark und Recht! (Er schläudert ihn von der Thür, öffnet sie und findet das Zimmer leer.) Willst du mich am Narrenseil gängeln, soll ich Mäuse suchen, oder unsichtbare Geister?

Romberg. Leer, leer? entflohen, entflohen! heiliger Gott! was geht da vor. (will fort!)

Funfzehnter Auftritt.

Vorige. Frau Blankin. Friederike.

Fr. Blankin. Auf Ferdinand, suche dein Weib, ein fürstlicher Zubringer hat sie gestohlen, das ganze Dorf bezeugt es, daß man Sie in einer Sänfte nach dem nächsten Dorfe gebracht.

Ferdinand. Mein Weib!

Friederike. Röschen! alles strömt hierüber!

Ferdinand. Entführt, entführt! ha Teufel! also doch wahr! Mutter ihr solls hören, ihr sollts hören, wie ich dem fürstlichen Jäger die Beute abjagen will.

Sechszehnter Auftritt.

Vorige. Fr. v Fischhaut. Die drey andern Weiber Herr v. Fischhaut. Baron Wendelburg, Links (alle drängen herein.)

Fr. v. Fischhaut. Man spricht von Arrest, von Entführung.

Alle Weiber. Das süße Röschen.

Ferdinand. O spottet nicht, meine tugendhaften Matronen, deren ganze Schamröthe dem Putzhändler gehört. Röschen kann mir gestohlen seyn, aber ihr möcht wohl alle lieber, an ihren Platz euch wünschen, sollt sie bald wieder sehen. (will fort.)

Siebzehnter Auftritt.

Vorige. Fürst.

Fürst. Hier so laute Gesellschaft?

Ferdinand (rasch auf den Fürsten zueilend, doch

so, daß man sieht, daß ihn des Fürsten Anstand und Miene verwirrt.) Obschon Ihre Mienen, ihr Anstand Sie von der frechen Gattung jener feilen Knechte loszählt, die sich durch tausend Schandthaten um den Thron krümmen, so sind Sie doch wenigstens aus dem Gefolge, wo man sich so ungescheut jede Schande erzählt, ich beschwöre Sie, sagen Sie mir, was Sie von meinem Weibe wissen? man spricht von Entführung, von Veranlassung durch Fürstenmäkler, Sie scheinen mir zu gut, daß ich Sie darunter zählen möchte!

Fürst (mit Würde.) Junger Mann, von Entführung! von Weiberraub im fürstlichen Nahmen weiß ich nichts! Zwar geschieht so manches im fürstlichen Nahmen, vielmehr hab ich ihr Röschen erst vor einer halben Stunde mit dem Grafen Wernhall hier verlassen!

Alle. Grafen von Wernhall!

Blankin. Guter Gott, mein Mann!

Ferdinand.
Friederike. } Mein Vater!

Fürst (sich fassend.) Mit einem Bettler wollt ich sagen, doch sind sie ruhig, in wenigen Augenblicken soll sich mehr aufklären.

Achtzehnter Auftritt.

Baron Wendelburg. Commissär. Vorige.

Wendelburg. Da ist einer von diesen verdächtigen Jägern!

Kommiſſär. Mein Herr auf Befehl des Fürſten werden Sie mir folgen! —

Fürſt. Auf Befehl des Fürſten? — Kennen Sie mich?

Kommiſſär. Nein — doch dieſer Herr, auf deſſen Weiſung ich höhern Ortes her den Auftrag habe! — haftet dafür. — hier ſehen Sie des Miniſters Fertigung —

Fürſt. Die ich nicht läugnen kann — Sie thun ihre Schuldigkeit, ich gehorche, doch dieſer Herr haftet! — ſo lautet euer Befehl! — meine Herren und Damen, wir ſehen uns bald, bald wieder! — junger Mann — Gräfinn — fürchten Sie nichts, ſind Sie ganz ruhig — (man führt den Fürſten fort, unter der Thür begegnet Lorenz dem Fürſten.

Neunzehnter Auftritt.

Vorige. Lorenz.

Lorenz. Potz alle Hagel, was gibts da?

Wendelburg. Verdächtige Menſchen!

Lorenz. Sie, Herr Oberjäger.

Fürſt. Verrath er mich nicht, bald ſehen wir uns wieder.

Alle. Entſetzlich, entſetzlich.

Lorenz. (für ſich) Tauſend Sapperment, jetzt ſperrens gar den Fürſten ins Loch. —

Ende des dritten Aufzugs.

Vierter Aufzug.

(Scene: Saal mit drey Thüren. Nacht.)

Erster Auftritt.

Die Träger halten mit dem Sessel vor der Thür, und das vermeinte Frauenzimmer führt ein Bedienter an die Seitenthüre, Graf Blumenthal folgt nach ohne ein Wort zu reden, der Bediente sperrt die Thür mit einem Schlüssel zu, und steckt ihn zu sich.)

Graf Blumenthal.

Mein Freund, der Schlüssel gehört mein.
Bediente. (hört nicht und geht ab.)

Zweyter Auftritt.

Askerle.

(Eben so wie Scene 1.)

Askerle. Bst! bst! den Schlüssel! den Schlüssel! (beyde ab.)

Dritter Auftritt.

Wie die ersten zwey, Hemet.

Hemmet. Par Dio! — du schließen zu — den Schlüssel! (Bedienter ab.)

Vierter Auftritt.

Vorige. Blumenthal.

Blumenthal. Verflucht! da gibts quid pro quo, ich will die Thür forciren (geht an die Thüre.)
Askerle. Das will ich verbiethen, da hinein hab nur ich das Recht,
Hemet. Was? was wollen die Teufelsleut?
Alle. He! holla! holla! —

Fünfter Auftritt.

Vorige. Lorenz. Die vier Weiber mit Lichter.

Lorenz. Guten Abend meine Herrn! ich glaub gar, sie haben da blinde Mäusel gespielt.
Die Weiber. Oder wohl gar irgend ein Ritter-Abenteuer? —
Blumenthal. Parbleu, hier in diesem Zimmer hab ich meines Herzens Rechte verschlossen.
Askerle. Ha, ha, ha! — schonen Sie lieber Herr Oberjäger ihre Lunge, die Dame ist mein.
Hemet. Nichts Nutz! — das Weiberl gehören mein.

Alle Weiber. Ha, ha, ha! drey Hunde an einem Bein!

Lorenz. Am besten ists, wir lassen die Dame selbst entscheiden — so ist dem Streit gleich abgeholfen.

Die Weiber. Die Tugend der Madam Röschen wird wohl jetzt im Bruch gehen.

Die drey Männer. Ja, ja man öffne die Thür das schöne Röschen entscheide.

Lorenz. (öffnet die Thür, führt einen geputzten Affen heraus.)

Alle. Sie sind mein! (Blumenthal erhascht sie.)

Blumenthal. Nicht wahr mein?

Lorenz (führt den zweyten und endlich auch den dritten auf.) Meine Herrn, auf jeden Mann einen Vogel — mein Röschen hat sich in ein Affen verwandelt — künftig hascht's auf dem Lande nicht so geschwinde nach jungen Weibern.

Die Männer. Verdammte Bestialität!

Die Weiber. Ha, ha, ha, gratuliren zu dem Fange.

Die Männer. Was ist zu thun? lachen wir mit (alles lacht, und lärmt.)

Lorenz. Meine Herrn und Damen, ich bitte mir die Ehre aus, zum Suppee in mein Lusthaus zu erscheinen.

Alle. Zum Lusthaus, zum Lusthaus!

Die Weiber. Du, das klügste wird seyn, wir verzeihen jedem Chapeaux, und sind wieder die Alten!

Die Liebhaber. Wir machen Friede, und lassens gut seyn. Mesdames, der Eipeldauer sopp jeden, und so heißts Hodie mihi, cras tibi! — heute an mir, morgen an dir! kommen Sie dahero, geben Sie uns Ihre Verzeihung, und ihren Arm und lassen Sie uns dann nach dem Lusthaus eilen!

Alle. Nu es sey — da! — aber keine Affen mehr!

Hemet. Und nicks anders Ring, als dir mein Täubchen! — (alle ab.)

Sechster Auftritt.

(Scene: Ein offner Platz im Hintergrund eine Art Lusthaus von Bäumen, auf einer Seite hängt an einem jeden Baum eine Wienermode, auf den entgegengesetzten die nützlichen Werkzeuge der häuslichen Bauernwirthschaft — man überläßt es dem Geschmack des geschickten Theater-Dekorateurs. Rückwärts sieht man Musikanten und Bauern, die sich lustig machen.)

Schulmeister (kömmt ängstlich gelaufen.) Um und um, meine Kinder, legts die Fidel auf die Seite, löschts die Lichter aus! das ist ein abscheuliches Spektakel.

Bauern. Was ists, was hats gegeben?

Schulmeister. Um und um weiß ich selber noch nicht recht! — aber ein Herr aus der Stadt ist mit der verkleideten Wache da, und räumet alles zusammen, was ihm einfällt; er hat schon drey Personen eingesperrt! —

Bauern. Was, ein Herr aus der Stadt — Leut eingespert — wo, wo sinds eingesperrt? —

Schulmeister. Im Schloßthurm! —

Bauern. Im Schloßthurm, gehn wir hin! und lassen wir's los — und prügeln die Herrn aus der Stadt recht durch! —

Schulmeister. St! St! um und um meine Kinder — wo denkts hin — das wäre sauber! — seyds alleweil so brave Leut gewesen, und da wollts tolles Zeug machen! der Herr aus der Stadt hat den Befehl vom Fürsten mitgebracht, und das muß respektirt werden! —

Bauern. Vom Fürsten, ja das ist was anders, da dürfen wir uns nicht vergreifen, aber hingehn dürfen wir morgen zum Fürsten, und bitten, daß er einen andern Befehl gibt, nicht wahr?

Schulmeister. Um und um, da müßts euern Herrn fragen.

Siebenter Auftritt.

Bar. Wendelb, Fritz, Askerle, Hemet, und alle vier Weiber, nähmlich; Fischhaut, Storbach, Salmbach, Wildheim.
Paar und Paar.

Baron Wend. (stolz) Da sehen Sie meine Macht, — mein Ansehen! — wie alles vor mir zittern muß — von seiner Durchlaucht höchst eigenen Gnaden mit den strengsten Aufträgen beehrt, kann ich nun jeden aus unserer Gesellschaft

Genugthuung für die Beleidigung verschaffen, die uns diese Familie zufügte.

Die Weiber. Wir verzeihen alles — schonen Sie doch, was zu schonen ist, im Grunde sinds doch ehrliche Leute.

Baron. Was ehrliche Leute — stolzes Bauern-Gesindel, das uns Vornehme nur überall necken will — trotzend auf ihr Geld — versagt es uns jede Lust — aber nun liegen die Würfel anders — mit Jupiters Donner in meinen Händen, soll aus dieser Gesellschaft jeder nur winken dürfen, um seine Wünsche erfüllt zu sehen.

Askerle. Doch schonen Sie Herr Baron!

Hemet. Pfui — is sie das nit brav! — nit ehrli bis sie du (zu Wendelb.) Gast! — bis sie du Freund — und jetzt macken du Zuchtmeister. — Pfui du — bey mir ich dich hätt' — Kopf putz weg — wer sie mir thut was, meine Freund! — ick dir gut rath, nit zu weit treib, bin sie Türk, aber nit kann sehen, Menschen thun Übels, arme Leut! — zerstör' Sie ganze Freud! — pfui nit bravi Mann! —

Achter Auftritt.

Vorige. Sandel. Lorenz.

Sandel (läuft voraus, will dem Baron zu Füßen fallen) Ach mein Gott, gnädiger Herr! ich bitt Sie um alles in der Welt! — laffens die Leut los, es sind lauter unschuldige ehrliche Menschen!

Wendelb. Was will sie mit ihrem Gewinsel! gar fürsprechen? o wer weiß, ob sie nicht auch bald Gesellschaft leistet.

Lorenz (reißt sein Weib von der Erde auf.) Potz Hagel und Wetter, was machst du da für dummes Zeug, scherst dich gleich fort, was soll das Bitten, das Winseln bey dem Pamphili? Herr! wir zwey haben ein Wort extra mitsammen zu reden, weiß der Herr, daß da auf den Grund und Boden ich Herr bin; weiß der Herr, daß ohne mein Wissen und Willen der Herr keine Katze einsperen lassen kann — jetzt sag ichs dem Herrn im Guten, laß der Herr meine Tochter und den Bettler gleich los, oder ich brauch mein Hausrecht! —

Bauern. Vater sollen wir zugreiffen.

Lorenz. Gebt Friede! —

Baron. Was Recht, Hausrecht gegen dem Befehl des Fürsten, noch ein solches Wort, und stolzer Bauer, du sollst mein Ansehen fühlen.

Lorenz. Ansehen? ha ha ha! — Befehl des Fürstens allen Respect, Leib und Leben für unserm Fürsten, aber es ist erlogen, daß das Befehl des Fürstens ist, das weiß ich besser, daß der Fürst keine Silbe davon weiß, und daß, wenn der Herr noch ein Mahl auf den Fürsten eine Lug macht, ich dem Herrn zeigen werde, wie ehrliche Leute ihren Fürsten zu ehren wissen, also den Bettler, mein Mädel los oder —

Bauern. Los! los —

Neunter Auftritt.

Fr. Blankin. Friederike. Vorige.

Fr. Blankin (stürzt herein auf Lorenz, dann auf Wendelburg, Friederike ihr nach.) Ach um aller Welt Erbarmen, helfen Sie, retten Sie, Freund! Vater! — Der Bettler, der Gefangene, es ist mein Mann! —

Alle. Mann! —

Wendelburg. Mann, desto besser, so ist's der Rechte! —

Friederike. Mein! — (sie fällt Wendelburg zu Füßen.) Herr Baron hier liegt die Tochter und fleht um Rettung ihres Vaters —

Wendelb. Es ist Befehl des Fürsten.

Lorenz (reißt sie auf, nimmt Frau Blankin bey der Hand und Friederike.) Seyd ruhig, da bin ich Herr, und dem Fürsten muß es freuen, wenn wir ihm von solchen Käfern nicht verleumden lassen, ich schaffe euch den Bettler.

Alle. Braver Mann.

Zehnter Auftritt.

(Lärmen von innen, viele Bauern. **Ferdinand** an ihrer Spitze. **Romberg**, der sich entgegen stämmt, und alles beruhigen will, alles schreyt:) Los, los! die Leute! —

Ferdinand. Helft mir meine Kinder, meinen Vater, mein Weib retten, ich beschwöre euch.

Fr. Blankin.
Friederike. } (ihm entgegen stürzend.) Sohn! Bruder!

Romberg. Freund! um alles in der Welt, mäßigen sie sich!

Ferdinand. Meinen Tod, oder meinen Vater! und mein Weib!

Alle. Wir helfen dir!

Lorenz. Ruhig Kinder!

Ferdinand. Keinen Augenblick, Brüder liebt ihr mich, so rettet meinen Vater, dort steht der Schuft!

Die Bauern. Da? wart, wollen ihn frisiren.

Baron (flüchtet sich hinter die Weiber.) He, Hülfe! Wache, Wache! im Nahmen des Fürsten.

Lorenz. Ruhig Kinder.

Eilfter Auftritt.

Vorige. Graf Wernhall stürzt in Bettlerkleidung herein. Röschen.

Wernhall. Wo ist mein Weib, wo meine Kinder?
Röschen. Wo mein Vater, wo mein Mann?
Fr. Blank. (stürzen) Großer Gott! mein Franz!
Friederike (sich ein=) Mein Vater!
Ferdinand (ander in) Mein Vater! mein Weib!
Wernhall (die Arme) Ich habe euch wieder!
Alle. Welch ein Auftritt!
Ferdinand. Hier will ich sterben!
Wendelburg. Verdammtes Spiel! da ist er selbst! He, Herr Commissär, Wache! entflohen. Wache, Wache!
Lorenz. Wie wurden Sie befreyt?

Zwölfter Auftritt.

Der Fürst, ohne Überrock mit Orden and Stern. Vorige.

Fürst. Durch mich!
Alle. Der Fürst! der Fürst!
Fürst. Der Freund, der Vater, so will ich heißen.
Amalia.)
Friedr.) Rettung Fürst! Rettung!

Ferdinand.)
Röschen.) Gerechtigkeit!

Fürst. So soll es heissen, stehen Sie doch auf, meine Lieben, meine Freunde! des Schurkens letzter böser Streich! doch von nun an soll kein trüber Augenblick Sie mehr stöhren, nie sie mir mehr rauben, ihr seyd mir wieder gegeben, und ich will beweisen, wie theuer Freunde, wie theuer redliche Menschen dem Fürsten seyn müssen; kommen Sie, Graf Wernhall, Gräfinn kommen Sie, betrachten Sie mich so warm als Ihren Freund, als ich wünsche, daß jeder meines Volkes mich als Vater betrachten möchte!

Gr. Wernhall. Fürst, wie soll ich Ihnen danken!

Fürst. Mit ihrer Ruhe, und du guter ehrlicher Mann, was kann ich denn für dich thun, reich bist du, zufrieden bist du, deine Kinder sind versorgt, bey dir muß ich schon ein Schuldner bleiben.

Lorenz. Gnädigster Herr! es freuet mich allemahl so oft bey mir was Gutes geschieht und wenn ich einer Spitzbüberey in die Haare kommen kann, so freut michs doppelt! ich bin schon wieder mit dem Spaß bezahlt; bleiben Sie unser gütiger Vater, und lassen die ehrlichen Leute was gelten, hernach mögen sich die Spitzbuben selber in die Nägel beissen!

Fürst. Auch soll keiner meinen Augen ungestraft entschlüpfen — und so will ich bey diesem Herrn da den Anfang machen: Wache! man bringe diesen dummen dreisten Bösewicht sogleich nach der Stadt, der sich die Freyheit erlaubte, im Nahmen des Fürsten gute Menschen zu kränken, ich werde für seine Strafe, für ein Beyspiel sorgen, das gewiß jeden künftig schrecken soll, die Befriedigung seiner Leidenschaften mit der Maske des fürstlichen Ansehens, und mißbrauchter Gerechtigkeit zu überziehen. —

Hemet (wirft sich den Fürsten zu Füßen, und küßt sie.) Gute Fürst, laß mik küssen deine Fuß, bis Sie du Engel, weil Sie du Mensch nit unglück werden laß!

Fürst. Wer seyd ihr?

Hemet. Bin sie türkische Kaufmann — reich, aber guti Narr! — will sie a werde dein getreue Unterthan, gerecht und gut — ich will sie dir geb mein Leben. —

Lorenz. He, he! Bruder Türk, das freut mich zwar, aber das thun wir alle auch! —

Alle. Ja, ja! es lebe der Fürst, der beste Fürst! —

Fürst. Ich danke euch, ihr guten lieben Leute, ich danke euch mit jenen warmen göttlichen Gefühl, das den Fürsten allein über seine schweren Sorgen zu belohnen im Stande ist. Graf! Ihre Leiden kann ich nicht vergüten, aber behutsam werden Sie mich machen, daß künftig auch nicht einer mehr, durch eine Gattung von Versäumniß etwas leiden darf. Sie müssen wieder an meinen Hof — und das Volk soll in meiner neuen Gunst erfahren, daß auch ein Fürst sich nicht schämt, Fehler zu gestehen!

Wernhall. Gnädigster Herr! beynahe tödtet mich das Gefühl Ihrer Gnade. —

Fürst. Schweigen Sie doch von Gnade, wo ich höchstens nur gerecht bin — ich habe einen Zirkel guter Menschen kennen gelernt — und will daraus Freunde wählen — vor allen dich, lieber Lorenz.

Lorenz. Mich? mich! — Potz tausend ein Bauer und der gnädige Fürst! —

Fürst. Sey ruhig darüber — ich will das schon gegen das Etikett verantworten, Fürsten brauchen nur ehrliche Menschen um sich, und das soll künftig bey mir eingesetzt werden, daß jeder ehrliche Mann bey mir freyen Zutritt habe, und damit wirst du den Anfang machen.

(zum Lorenz.)

Lorenz. Zu viel Gnade, aber wenn ichs annehmen soll, so bitt ich mir noch etwas dabey aus.

Fürst. Und das wäre?

Lorenz. Daß ich immer frank und frey die Wahrheit sagen darf.

Fürst. Das sollst du, — ja, es soll künftig sogar dein Amt seyn, denn ich bin überzeugt, daß nur Wahrheit Fürsten und Völker glücklich macht!

Alle. Es lebe der Fürst!

Lorenz. Jetzt aber gnädigster Herr! — weil Sie sich heute schon so weit herabgelassen haben unter uns zu seyn, so bitt ich Sie doch auch, bleiben Sie diese Nacht bey uns, und sinds Gast! bey meiner Hausxundel, und Zeuge von unsrer Freude.

Fürst. Das will ich herzlich, und ich ersuche euch, ganz den Fürsten zu vergessen, und euch durch meine Gegenwart ja in keinem Vergnügen stören zu lassen!

Lorenz. Nu allons! lustig drauf los Schulmeister, Musikanten, Bauern! und du alte Sandel tummel dich um!

Schulmeister. Um und um Kinder! wixst die Fidelbogen, streichts drauf! lustig! Es lebe unser gnädiger Fürst!

Alle. Es lebe der Fürst!

Fürst. Nicht doch — euer Freund! (Er sieht die behängten Bäume.) Guter Lorenz! was sind dieß für Trophäen?

Lorenz. Das ist d'Stadt und 'sLand — dieß gehört den vornehmen Leuten — und dieß den arbeitsamen Unterthan.

Fürst (schlägt ihn auf die Schulter.) Braver Mann! der du sogar bey Vergnügungen auf Bilder für das Wohl guter Menschen denkest — ja du sollst mich noch auf manches aufmerksam machen! — (Zu Röschen.) Und Sie, schöne Gräfinn! deren Blick mich heut des Fürstens Schwäche so tief fühlen ließ — auch Ihnen danke ich so manche Bemerkung! — Kurz, dieser Zufall, oder vielmehr dieser schöne Fingerzeig der Vorsicht lehre so manchen Verblendeten, welch ein schweres Amt Fürsten bekleiden, wie viel Übel oft eine einzige Laune, wie viel Gutes aber auch ein einziger redlicher Mann an dem Herzen des Fürsten stiften könne! — O Vorsicht, wie danke ich dir.

G

daß du sie mich finden machtest! — und wie feyer=
lich gelobe ich es dir, daß meinem Herzen keiner
mehr entgehen soll; denn du weißt ja, wie ich
Menschen, wie ich meine Unterthanen liebe!

Alle. Es lebe der Fürst! —Es lebe der beste
Fürst!

Alles wird lebendig. — Tanz, Musik und Freu-
dengeschrey machen das

Ende des Lustspiels.